最速上達
ピッチング

監修
平野裕一（国立スポーツ科学センター　スポーツ科学研究部部長）
菊池壮光（東京ガス硬式野球部監督）

成美堂出版

最速上達 ピッチング

CONTENTS

本書の特徴 …… 6

ピッチングのパワーの源を探る

❶連続写真で見る パワーの伝わり方 …… 8
❷下半身にある大きな筋肉から 最大のパワーが生まれる …… 10
❸安定した体幹部を起点にして 肩、ヒジ、手首と加速していく …… 12
キャッチボールからはじめたい人へ …… 14

PART 1 フォームをつくる

17

握りから腕の振りまでフォームを時系列順に習得していこう!! …… 18
❶ボールの握り1 …… 20
❷ボールの握り2 …… 22
❸ボールの握り3 …… 24
❹プレートの使い方 …… 26
❺足を上げる …… 28
❻ステップ …… 30
❼手首の返し …… 32
❽腰の回転 …… 34
❾肩の回転 …… 36
❿腕の振り1 …… 38
⓫腕の振り2 …… 40

弱点克服トレ

軸足を安定させる練習法①～③ …… 42

下半身始動の練習法①～③ …… 46

トップを定める練習法①～③ …… 50

リリースを安定させる練習法①～③ …… 54

カラダの回転をつかむ練習法①～③ …… 58

試合前にもう一度 ココだけはチェック …… 62

PART 2 変化球の握り 65

様々なピッチャーの握りを見て自分に合う変化球を見つけよう!! …… 66

❶カーブ1 …… 68

❷カーブ2 …… 70

❸スライダー1 …… 72

❹スライダー2 …… 74

❺ツーシーム1 …… 76

❻ツーシーム2 …… 78

❼フォーク・スプリット1 …… 80

❽フォーク・スプリット2 …… 82

❾チェンジアップ1 …… 84

❿チェンジアップ2 …… 86

⓫カットボール …… 88

⓬シュート …… 90

弱点克服トレ

変化球の練習法①、② …… 92

試合前にもう一度 ココだけはチェック …… 94

PART 3 打たれない投手になる

打たれない投手になる …… 97

打たれない投手になるための カラダの使い方を身につけよう!! …… 98

❶前足の位置 …… 100
❷下半身のタメ …… 102
❸ヒジの高さ …… 104
❹前足の角度 …… 106
❺腕の振り …… 108
❻球の出どころ1 …… 110
❼球の出どころ2 …… 112
❽球の出どころ3 …… 114
❾けん制の基本 …… 116
❿一塁けん制1 …… 118
⓫一塁けん制2 …… 120
⓬左投手の一塁けん制 …… 122
⓭二塁けん制 …… 124

弱点克服トレ

前足位置を安定させる練習法①〜③ …… 126
制球力を高める練習法①、② …… 130

試合前にもう一度
ココだけはチェック …… 134

PART 4 ポジション別の役割

ポジション別の役割 …… 137

ポジション別の動きを把握して チームを勝利に導く!! …… 138

❶投手(ピッチャー) …… 140
❷捕手(キャッチャー) …… 142
❸一塁手(ファースト) …… 144
❹二塁手(セカンド) …… 146
❺三塁手(サード) …… 148
❻遊撃手(ショート) …… 150
❼左翼手(レフト) …… 152

❽ 中堅手（センター）……154

❾ 右翼手（ライト）……156

試合前にもう一度　ココだけはチェック……158

PART 5 可動域を広げるストレッチ　161

肩甲骨と股関節の柔軟性が投球動作の最大値を引き上げる……162

肩・ヒジ　ストレッチ①……164

肩・ヒジ　ストレッチ②……165

肩・ヒジ　ストレッチ③……166

肩・ヒジ　ストレッチ④……167

肩・ヒジ　ストレッチ⑤……168

肩・ヒジ　ストレッチ⑥……169

肩・ヒジ　ストレッチ⑦……170

肩・ヒジ　ストレッチ⑧……171

肩・ヒジ　ストレッチ⑨……172

股関節　ストレッチ①、②……173

股関節　ストレッチ③、④……174

股関節　ストレッチ⑤、⑥……175

column

ボールは前ではなく横に投げる……16

日米の違いと動くボールの正体……64

なぜメジャーにはツーシームが多いのか？……96

運動神経の良し悪しって⁉……136

動作を習得することとは？……160

最速上達ピッチング

本書の特徴

特徴①
ピッチングの基本技術とカラダの使い方がわかる!!

本書には野球が上達する基本技術がわかりやすく解説されています。同時に、筋肉の働きを中心としたカラダの使い方も解説していますので、動き方がわからない初心者の方から、基本技術を再確認して更なるレベルアップを目指す中級者の方にとっても役立つ一冊となっています。また、監修には国立科学スポーツセンターでスポーツバイオメカニクスを研究されている平野裕一氏と、東京ガス硬式野球部監督の菊池壮光氏を迎え、多角的なアプローチによって野球技術を解説しています。

特徴②
基礎技術をわかりやすく紹介 上達のコツもはっきりわかる!!

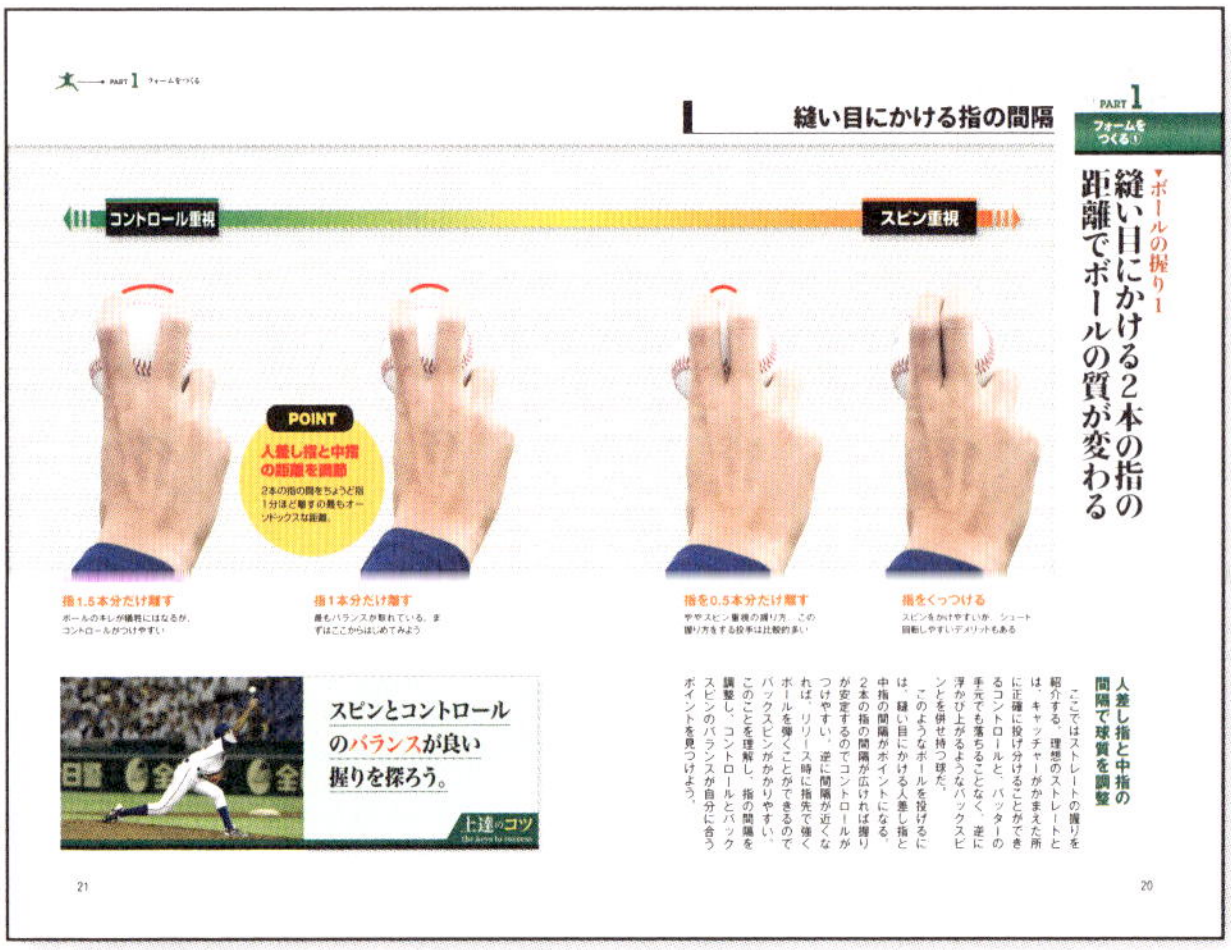

ピッチングの基礎技術はここで紹介しています。毎ページに「上達のコツ」を掲載しているので個人技術上達に役立ててください。コツをつかめれば技術はみるみるうちに上達するでしょう。

特徴③ 少人数で取り組める 弱点克服練習ドリルを紹介!!

PART 1 フォームをつくる

弱点克服トレ ▶ 軸足を安定させる練習法

ココが弱点

片足で立ったときに
カラダがぐらついてしまう。

なぜ、軸足が安定しないのか?

考えられる原因
- 軸足を支える下半身の筋力が弱いから。
- バランス感覚が乏しいから。
- カラダを支える体幹部の筋力が弱いから。

解決方法

練習法1 バランスマットで筋力を強化 ▶▶ P.43へGO!

練習法2 片足ボール拾いでバランス感覚を強化 ▶▶ P.44へGO!

練習法3 4方向片足ジャンプスローで筋力を強化 ▶▶ P.45へGO!

42

これで克服

▼軸足を安定させる練習法1

シャドー on バランスマット

軸足を安定させて立つ!!

狙い

不安定なバランスマットの上でシャドーピッチングをすることで、軸足を強化させることができる。

やり方

❶ 軸足をバランスマットの上に置く
❷ その場でシャドーピッチングをする

43

部活動でやるような練習とは別に、ひとりでもおこなえるような練習メニューを中心に掲載しています。日々の練習の積み重ねこそが技術上達の近道ですので、努力を怠らず頑張ってください。

特徴④ 球威や制球力が上がる!! 可動域を広げるストレッチを掲載

PART 5 可動域を広げるストレッチ

07

肩・ヒジのストレッチ⑦

肩から腕を動かして肩甲骨をほぐす

1 カラダの軸を保ちながら肩を回す
肩から大きく動かすことを意識する

POINT
軸をキープしたまま肩甲骨から回す

目安と回数
前後10往復ずつ

170

08

肩・ヒジのストレッチ⑧

背中を丸めたり反ったりして体幹の前後をほぐす

1 四つんばいになり背中を丸める
お腹を凹ませて肩甲骨を伸ばす

2 丸めた背中を今度は反らせる
目線を上げて肩甲骨を引き寄せる

POINT
背中の伸縮を意識しよう

目安と回数
連続10回

171

肩と股関節の可動域が広いと肩やヒジに負担をかけずに投げられるようになり、球威アップにもつながります。ここで掲載しているストレッチメニューを毎日練習後やお風呂あがりにおこないましょう。

連続写真で見る パワーの伝わり方

この連続写真は下半身でつくられた運動エネルギーがボールへ伝わるまでの力の伝達を簡略化してわかりやすくしたものだ。

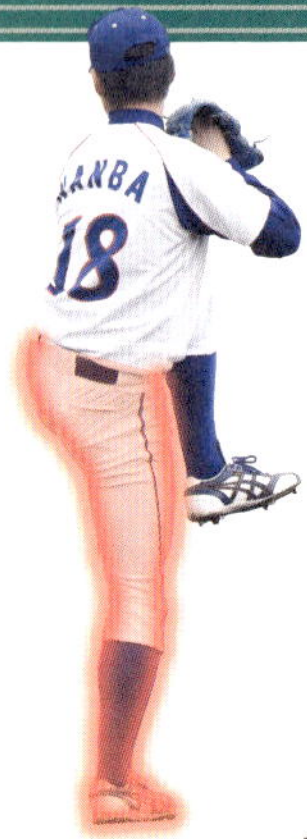

1

軸足を安定させてまっすぐに立つ

股関節周りの筋肉で軸足を安定させることが大切

ヒジを追い越すように手首が出てリリース

すべての力が腕に集約されヒジを支点に手首が振られ指先でリリース

7

2

軸足のヒザを曲げて「く」の字をつくる

お尻から前に出す（ヒップファースト）の意識で前にステップする

3

軸足の内ももで踏ん張りながら前足のステップ

軸足の内ももで踏ん張りギリギリまで前足着地を遅らせる

4

前足に体重が乗ったらヒジを肩の高さに

ヒジを上げて肩甲骨を引き寄せることで腕の振りのパワーを蓄える

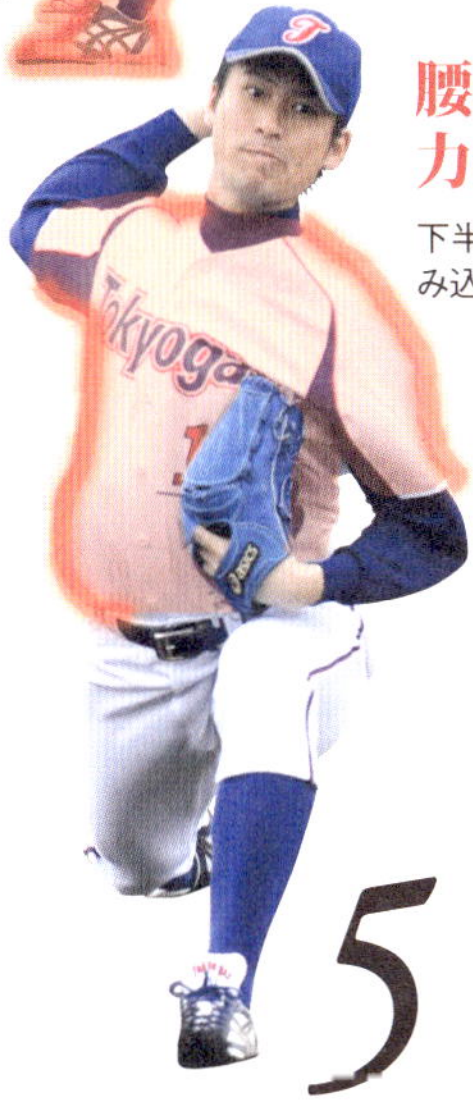

5

腰の回転がはじまり力が体幹に伝達される

下半身で生まれたパワーが前足の踏み込みによって体幹部へ伝わる

6

肩の回転がはじまりヒジから前に出る

腰の回転によってねじられた体幹部を戻すように肩が回転する

ピッチングパワーの源を探る②

下半身にある大きな筋肉から最大のパワーが生まれる

投げる力を生み出すには大きな筋肉が必要であり、カラダの中で一番大きな筋肉がついている下半身こそがピッチング最大のパワー源なのだ。

1 お尻や太ももの筋肉で軸足を安定させて立つ

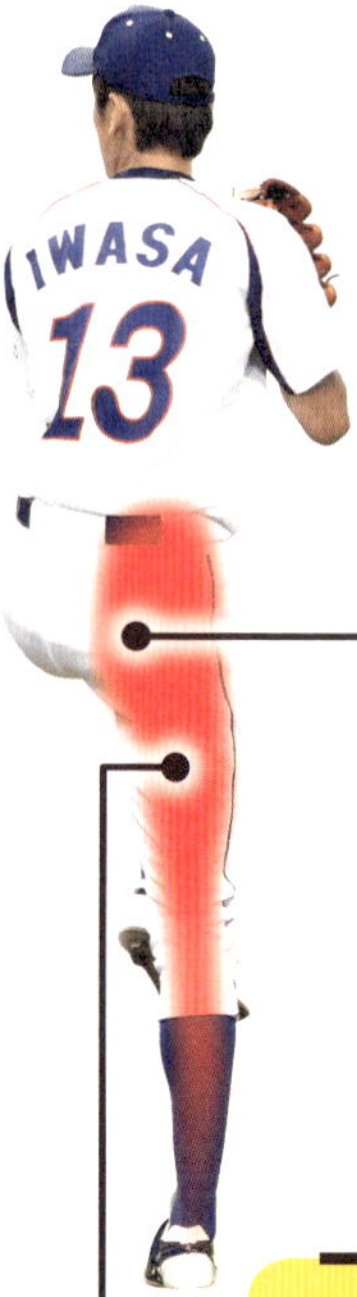

▶▶▶ 臀筋《でんきん》での安定

お尻を横から支える中臀筋や後ろから支えるとても大きな大臀筋などお尻の筋肉で軸足を安定させる

▶▶▶ 大腿筋《だいたいきん》での安定

太ももの前にある大腿四頭筋や裏にあるハムストリングスの筋肉はとても大きく産出するパワーも大きい

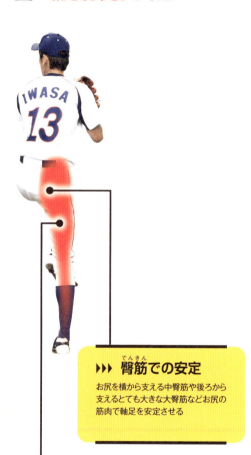

2 前足ステップで体重を前に踏み出す

▶▶▶ 母《ぼ》指《し》球《きゅう》での踏み込み

重心を軸足に側に残しておきたいので軸足の母指球で踏ん張りながら前足ステップをはじめる

3 前足を着地する直前まで後ろ足に重心を残す

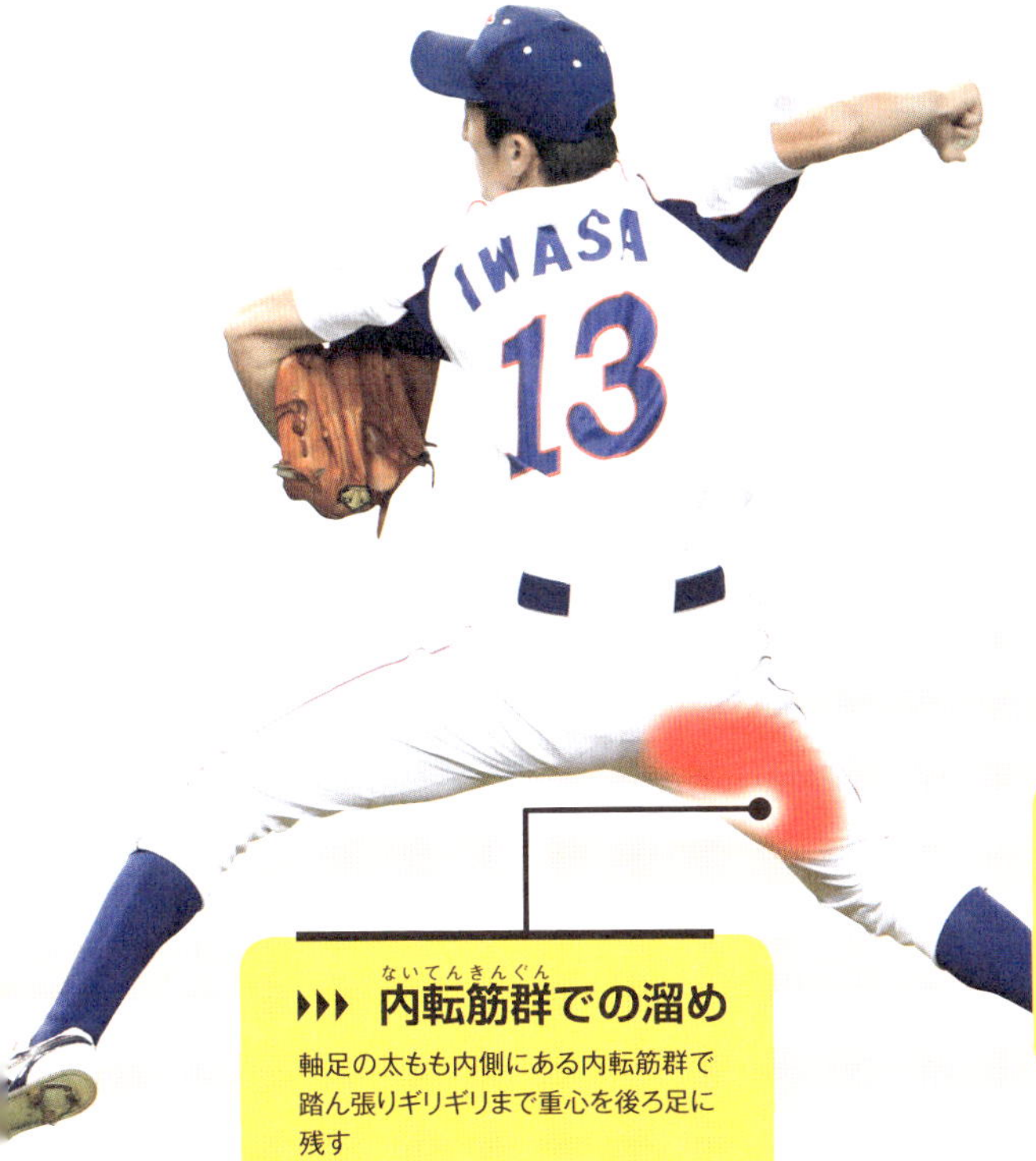

▶▶▶ 内転筋群《ないてんきんぐん》での溜め

軸足の太もも内側にある内転筋群で踏ん張りギリギリまで重心を後ろ足に残す

安定した体幹部を起点にして肩、ヒジ、手首と加速していく

下半身から生まれたパワーが体幹を通り肩、ヒジ、手首と先端に向かうにしたがい加速していくムチのような腕の振りができれば、キレのある速球が投げられる。

▸▸▸ 指先でのスナップ

肩からヒジ、そして手首へと先端に行くほど加速していき、最後は指先でボールをたたくようにリリースする

3 すべての力が指先に集約されてリリース

▸▸▸ 腹斜筋《ふくしゃきん》のねじり

前足と対角線の後ろ肩を結んだ線を軸にしてワキ腹にある腹斜筋や背中にある広背筋がねじられる

1 体幹のひねりによってパワーが蓄えられる

▸▸▸ 上腕《じょうわん》のリード

肩の回転がはじまるとボールよりもヒジが前に出るように上腕がリードする

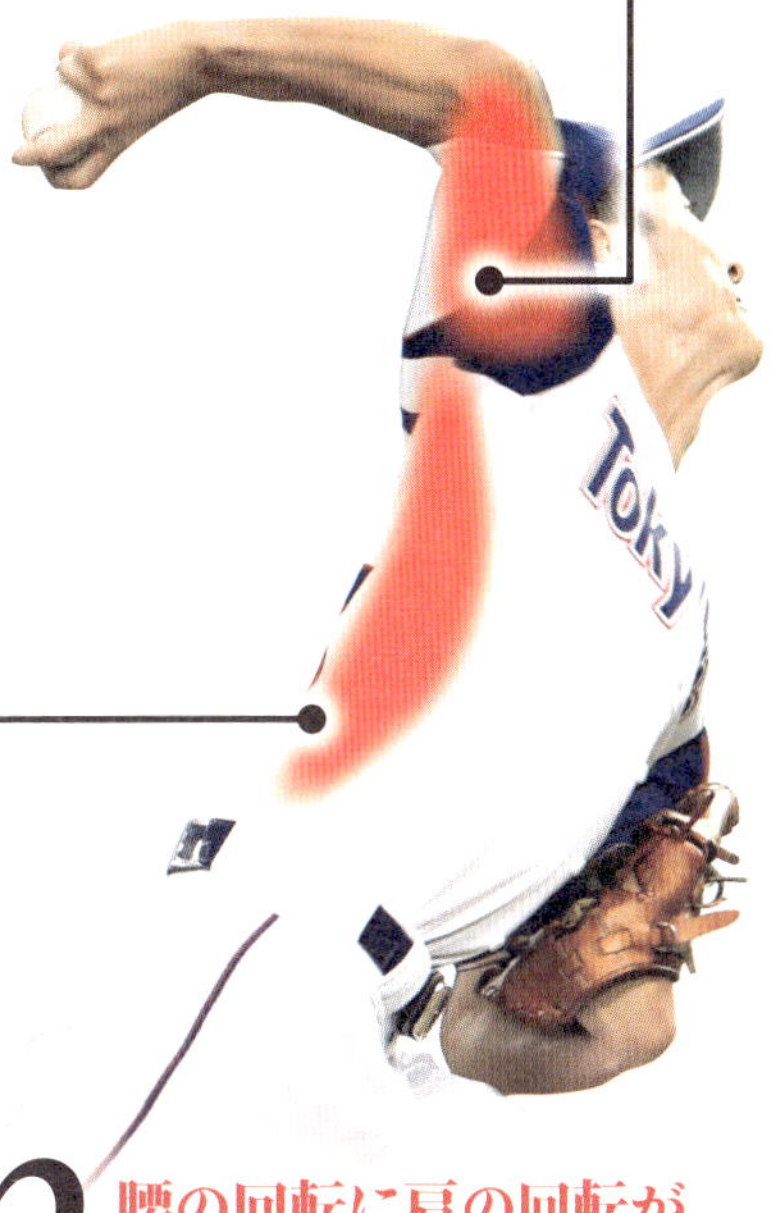

2 腰の回転に肩の回転が追いつきヒジが前に出る

▸▸▸ 広背筋の収縮

胸の張りによって背中側の広背筋や脊柱起立筋が縮まる。これがヒジから先の腕の振りをさらに加速させるパワーになる

正確に投げるための決め手!!

Let's Play Catch Ball

Step 1

サッカーボールでスローインをする

サッカーでスローインをするように頭の上でサッカーボールを振りかぶり実際に投げてみる

Step 2

スローイン直前のヒジの高さを確認

このヒジの高さがボールを投げるときのヒジの高さになるので、サッカーボールを野球ボールに持ち替えて確認してみよう。ボールを投げるときはヒジを肩の高さより上げることがポイントだ

POINT

ヒジは肩の高さに

ヒジを肩の高さに上げることで肩に負担をかけずに投げることができる。

キャッチボールからはじめたい人へ

ヒジの高さとつま先の向きが

Step 3

そのまま横を向いてボールを投げる

先ほどのヒジの高さをキープしたまま顔を横に向けて足を地面につけたままボールを投げる。前足のつま先が前をむいているため少し投げにくいはずだ

Step 4

前足のつま先を横に向けてもう一度投げてみる

前足のつま先は投げる方向へ向けてボールをもう一度投げる。するとカラダも先ほどより回ってしっかりと投げられるはずだ。つま先を投げる方向に向けることが正確に投げるためのポイント

POINT

つま先は方向指示器

前足のつま先を投げる方向へ向けることでカラダの回転をリードして強く正確に投げることができる。

コラム 1

ボールは前ではなく横に投げる

意外かもしれないが、正しい腕の振りは前ではなく横。胸のラインにそって横に振る。これに腰のひねり動作が加わることでボールを前に投げているのだ。野球をしたことがない子どもがキャッチボールをしたら、きっとそのこどもは腕を前に振って投げるだろう。

もちろん、最初はこれで OK だが、野球を経験し、次第に熟練していっているにもかかわらず、はじめたころの前に向かって投げる悪いクセが抜けずにいる子どもが多い。

この腕の使い方は水泳のクロールをイメージするとわかりやすい。うまい人のクロールはカラダをローリングさせながら腕を回している。カラダを水平にしたままでは腕を上げたときに窮屈になってしまう。

PART 1

フォームをつくる

軸足を安定させて立ち、そこから前足ステップによる体重移動。速い球を投げるには下半身を巧みに使うことが絶対条件だ。まずは肩やヒジに負担をかけない下半身主体の投球フォームをマスターしよう。

PART 1 フォームをつくる

握りから腕の振りまでフォームを時系列順に習得していこう!!

1 ボールの握り

P.20-24へGO!

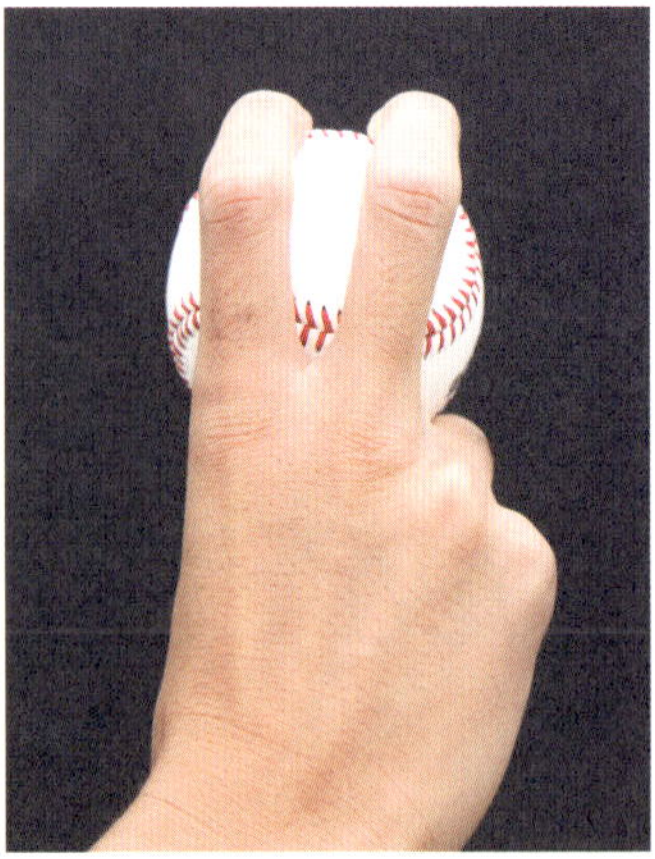

ストレートの握りを紹介。人差し指と中指の距離を変えるだけでボールの質が変わる。

2 プレートの使い方

P.26へGO!

極力ムダな動作を減らしスムーズにおこなうことでその後の投球動作が安定する。

5 手首の返し

P.32へGO!

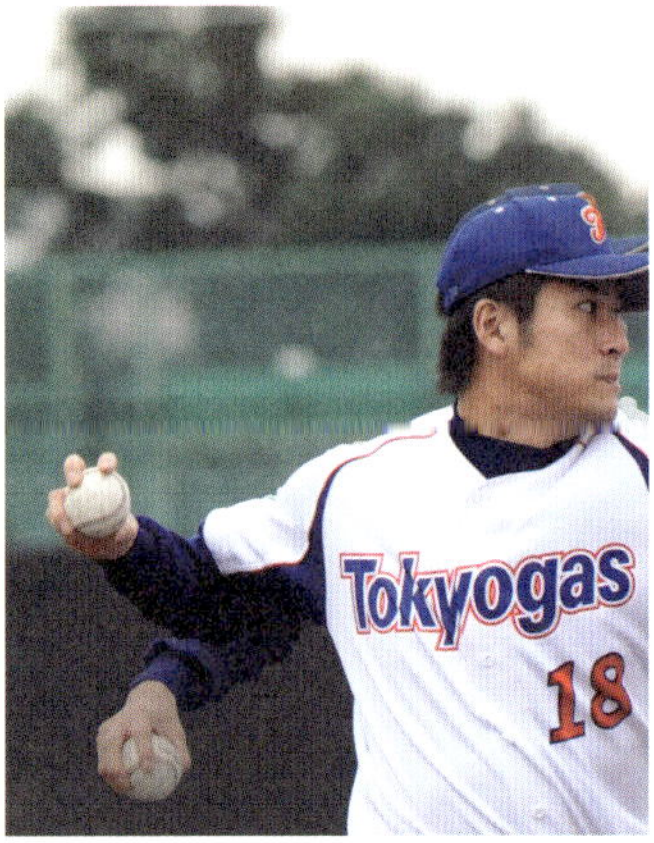

外側にボールを向けながら腕を上げてから手首を返す腕の振りを身につけよう。

6 腰の回転

P.34へGO!

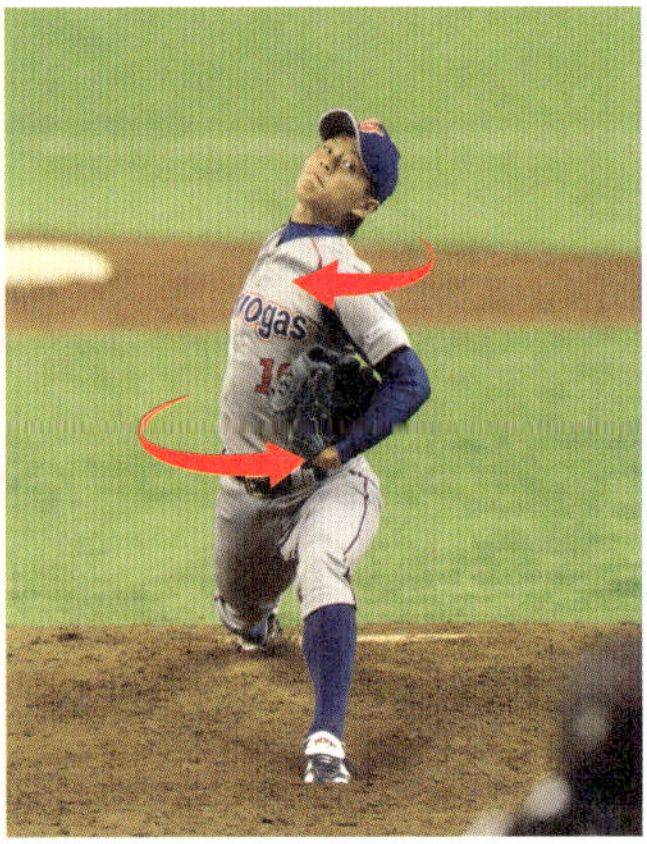

並進運動によって生まれた下半身の力を腰の回転運動によって上半身へと伝えていく。

3 足を上げる

P.28へGO!

軸足でまっすぐ安定して立つことが投球のパワーを生み出すきっかけになるのでしっかりと身につけよう。

4 ステップ

P.30へGO!

お尻から前に出す「ヒップファースト」の動きで軸足に重心を残しながらステップしよう。

7 肩の回転

P.36へGO!

前の肩を支点にして後ろの肩がそれを追い越すような動きを身につけよう。

8 腕の振り

P.38-40へGO!

ヒジから前に出してムチのように腕をしならせることでキレのあるボールが投げられる。

縫い目にかける指の間隔

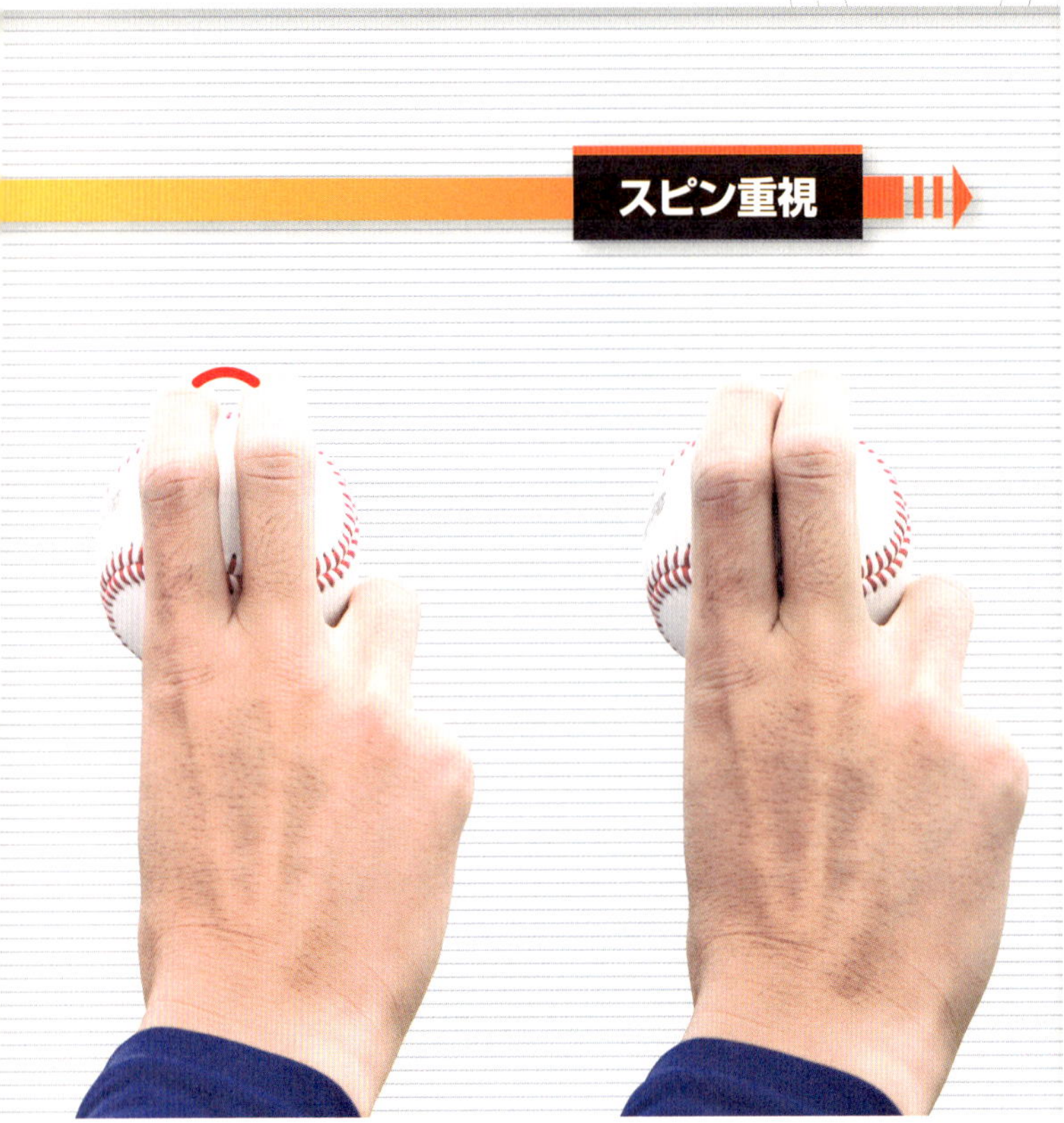

指を0.5本分だけ離す
ややスピン重視の握り方。この握り方をする投手は比較的多い

指をくっつける
スピンをかけやすいが、シュート回転しやすいデメリットもある

▼ボールの握り1

縫い目にかける2本の指の距離でボールの質が変わる

人差し指と中指の間隔で球質を調整

ここではストレートの握りを紹介する。理想のストレートとは、キャッチャーがかまえた所に正確に投げ分けることができるコントロールと、バッターの手元でも落ちることなく、逆に浮かび上がるようなバックスピンとを併せ持つ球だ。

このようなボールを投げるには、縫い目にかける人差し指と中指の間隔がポイントになる。2本の指の間隔が広ければ握りが安定するのでコントロールがつけやすい。逆に間隔が近くなれば、リリース時に指先で強くボールを弾くことができるのでバックスピンがかかりやすい。このことを理解し、指の間隔を調整し、コントロールとバックスピンのバランスが自分に合うポイントを見つけよう。

コントロール重視

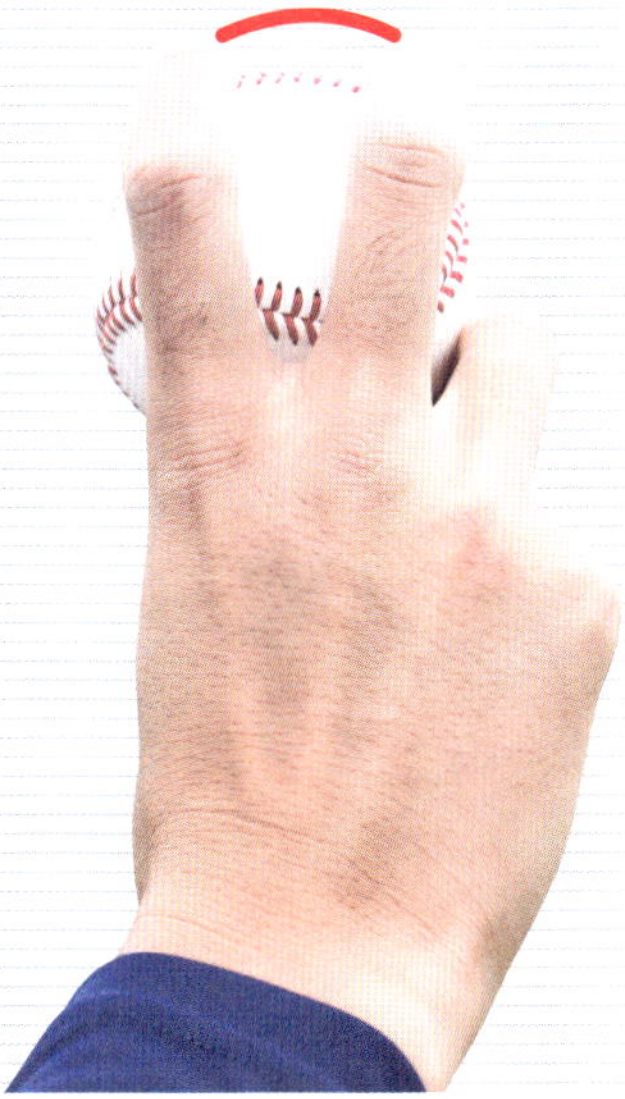

POINT

人差し指と中指の距離を調節

2本の指の間をちょうど指1分ほど離すの最もオーソドックスな距離。

指1.5本分だけ離す

ボールのキレが犠牲にはなるが、コントロールがつけやすい

指1本分だけ離す

最もバランスが取れている。まずはここからはじめてみよう

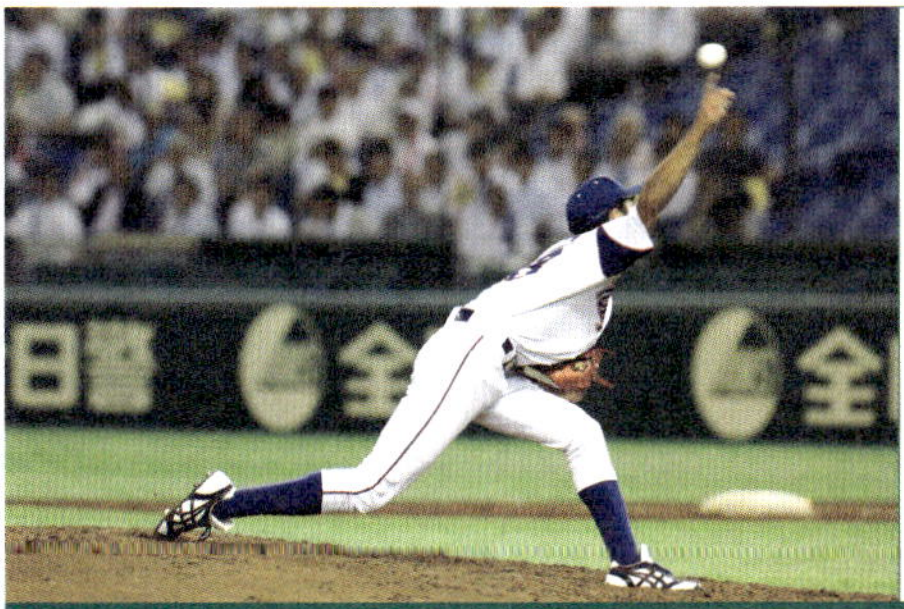

スピンとコントロールのバランスが良い握りを探ろう。

上達のコツ
the keys to success

ボールに中心を親指で支える

▼ボールの握り2

ボールの中心を下から支える親指が回転を安定させる

POINT

ボールの中心を下から支える

力んで強く握らない。大切なことはボールの中心を支えること。

伸ばしたままであったり曲げたりと親指の角度は人それぞれ

親指で支えることで制球力も安定する

前ページで話した通り、リリース時にボールを弾き回転を与えるのは人差し指と中指だが、実はボールを下から支える親指の使い方も重要だ。

親指の役割はボールの中心を下から支えてボールを安定させること。支えるポイントが中心からずれてしまうときれいな回転がかからず、ボールが左右に流れてしまってコントロールが安定しない。

またストレートの握りでもうひとつ大切なことは、手のひらをボールにつけないこと。つまり指先だけでボールを握るということだ。そうすることでボールを弾くようにリリースできる。手の小さな小学生では難しいかもしれないが、できるだけその意識を持っておこなおう。

○

ボールと手のひらの間に隙間をつくる

ボールに回転をかけるには指先でかるく握ることが大切。ボールが落ちない程度に握ろう

✕

手のひらがボールに付いている

手の小さい頃は仕方ないが、この握りではボールに鋭い回転をかけるのは難しい

指先が縫い目にかかる感覚を身につけよう。

上達のコツ
the keys to success

▼ボールの握り3
さまざまなピッチャーのストレートの握り

PLAYER'S COMMENT 右投げ・オーバースロー▶

人差し指と中指に縫い目をしっかりかけたいので、指先以外はボールから浮かせるようにしています。また2本の指の間は、指1本分くらい空けています。

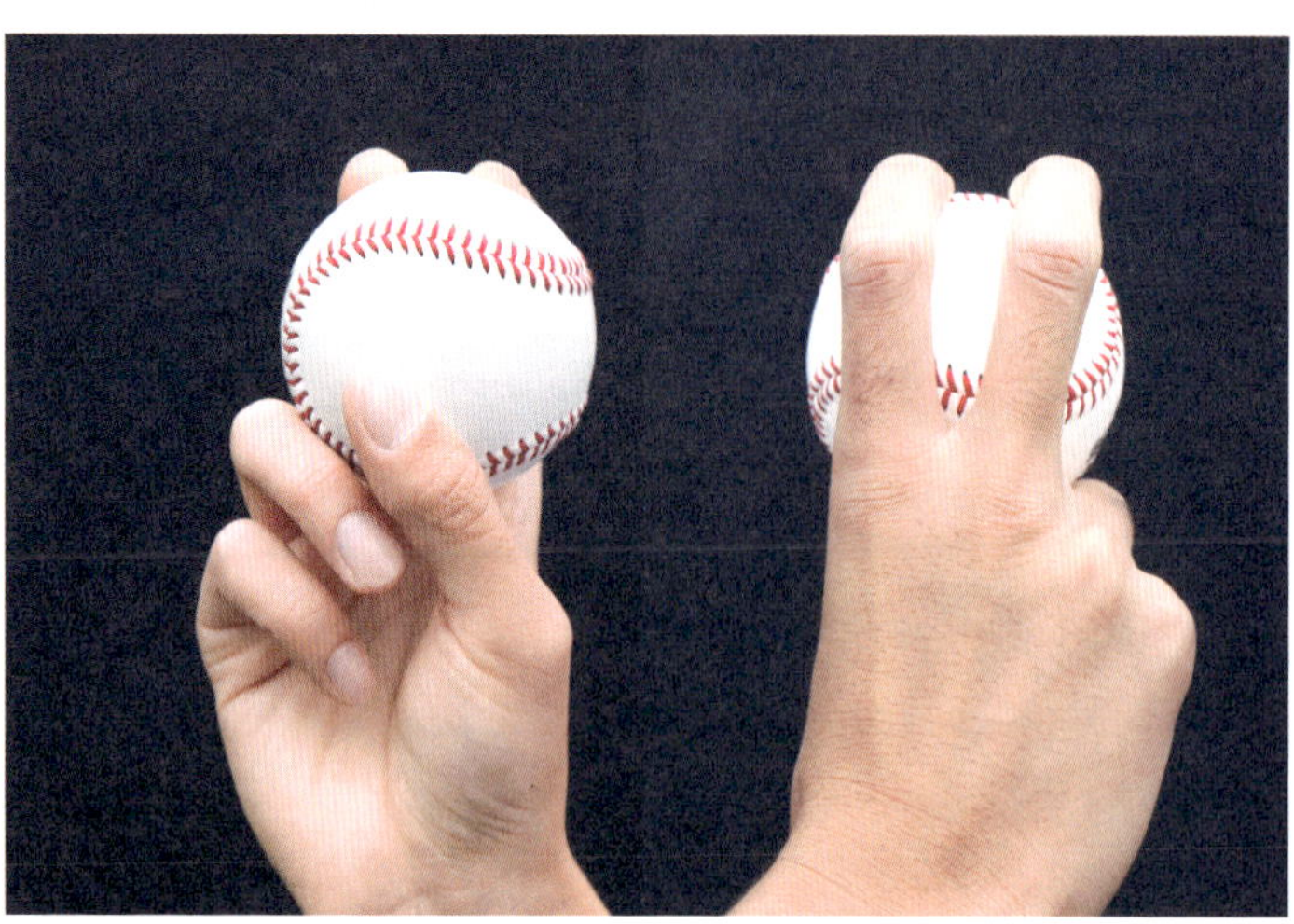

親指の関節辺りでボールを支えている

人差し指と中指をしっかりと縫い目にかけている

PLAYER'S COMMENT 右投げ・オーバースロー▶

とにかく強く握らないようにすることを意識しています。速い球を投げようとすると力んでしまうので、ボールを極力浅めに握り、指先にひっかけるようにしています。

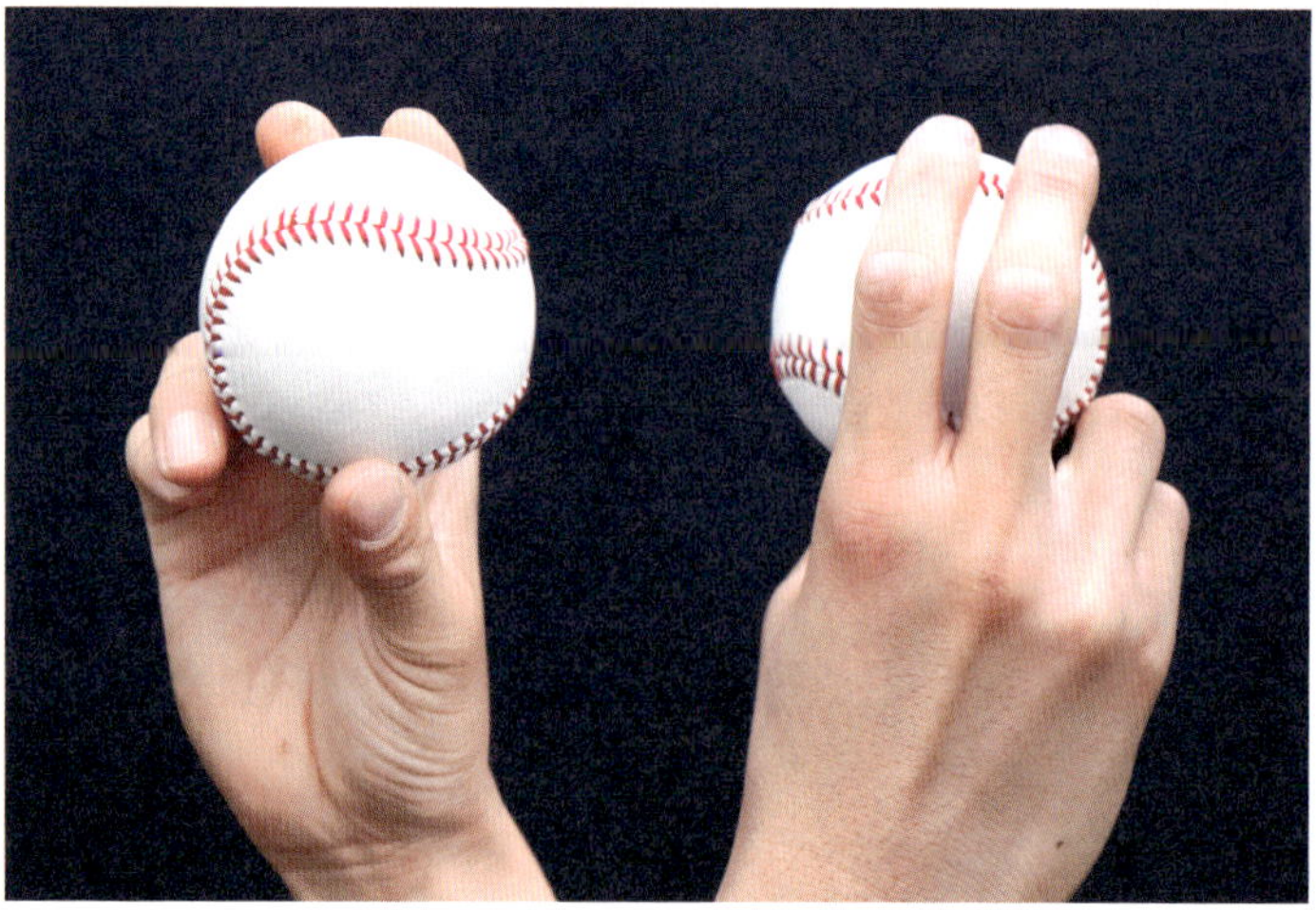

親指は伸ばして腹の部分で縫い目付近に添えている

2本の指の間が比較的狭い、スピンを重視した握り

PLAYER'S COMMENT 右投げ・オーバースロー

投げたときにシュート回転がかかったりしないように、まっすぐ回転がかかることを心がけて握っています。人差し指と中指の間はだいたい指1本分ぐらいは離しています。

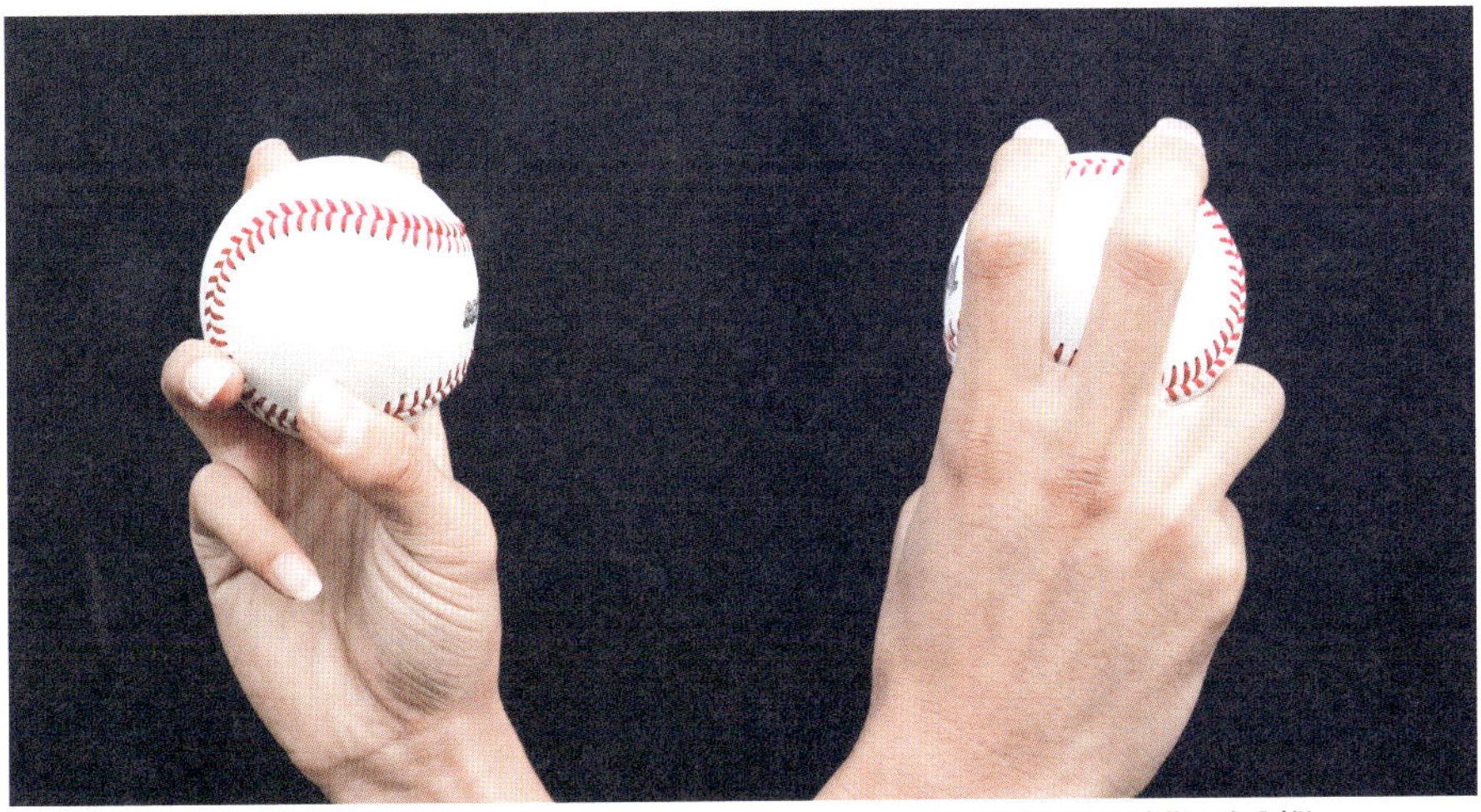

親指もやや曲げて指の横の部分でボールを支えている

人差し指と中指の間を指１本分離したオーソドックスな握り

PLAYER'S COMMENT 左投げ・オーバースロー

左投手の場合、普通は「C」の向きで握ると思いますが、自分は中指の方が力が強いのでそれを生かすために「逆C」の向きで握っています。「C」の向きだと縫い目の角度が中指に合わないので。

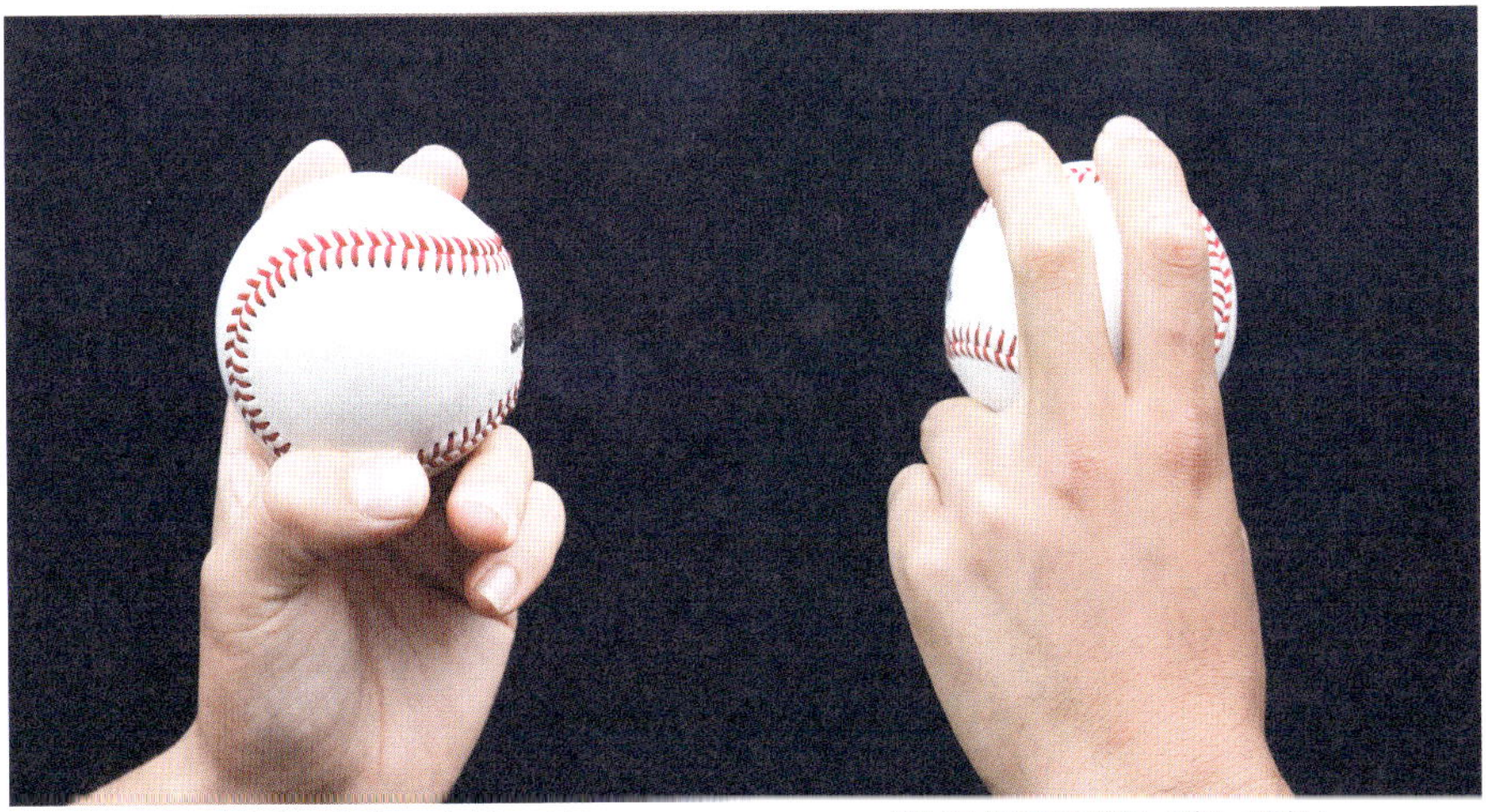

親指を真横に曲げて下からしっかりと支えている

縫い目の向きを逆にして握ってはいるが握り自体はオーソドックス

▼プレートの使い方

軸足の踏み変えがうまい選手は投球動作も安定している

2 振り上げる足を後ろに引く　1 両足をプレートに乗せる

NANBA 18
POINT
あらかじめ軸足を斜めにする
軸足を斜めにしてプレートへかけると、その後の動作がスムーズになる。
カラダがブレないように静かに足を後ろに下げる
両足をプレートにかけてグラブを胸の前で静止させてからスタート

カラダのぶれを抑えて静かに踏み変える

ワインドアップ時のプレートの踏み変えを解説する。ワインドアップとはランナーがいないときなどに振りかぶって投げる投法だ。ここで大切なことは、カラダがぶれないように静かにプレートへ入ること。カラダがぶれてしまうと、当然軸もぶれるので、下半身の力を体幹から腕へと伝えることができない。

最終的に軸足でまっすぐ立つため、軸足を斜めに踏み込み、最小限の動きで踏み変えるような静かな動きが理想的だ。

速い球を投げたいと思うあまり、勢いをつけてプレートの踏み変えをおこなう人がいるが、この段階で動きが大きいと軸足を上げたときにカラダがぶれやすくなってしまうので注意しよう。

3 軸足でしっかりと立つ

軸足の向きを横に入れ替えプレートの縁に添わせる

4 軸足のヒザを曲げてステップ

軸足の拇指球で踏ん張りながら前足をステップ

5 胸を張りヒジを肩の高さへ

リリース時には軸足がプレートから離れていてもOK

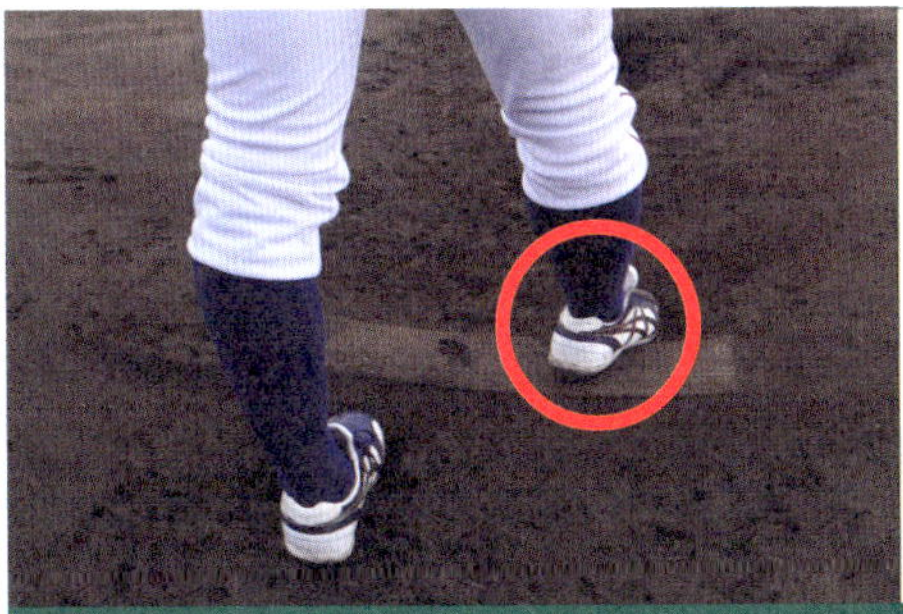

軸足を斜めにプレートへかけてから踏み変える。

上達のコツ
the keys to success

軸を安定させて立つ

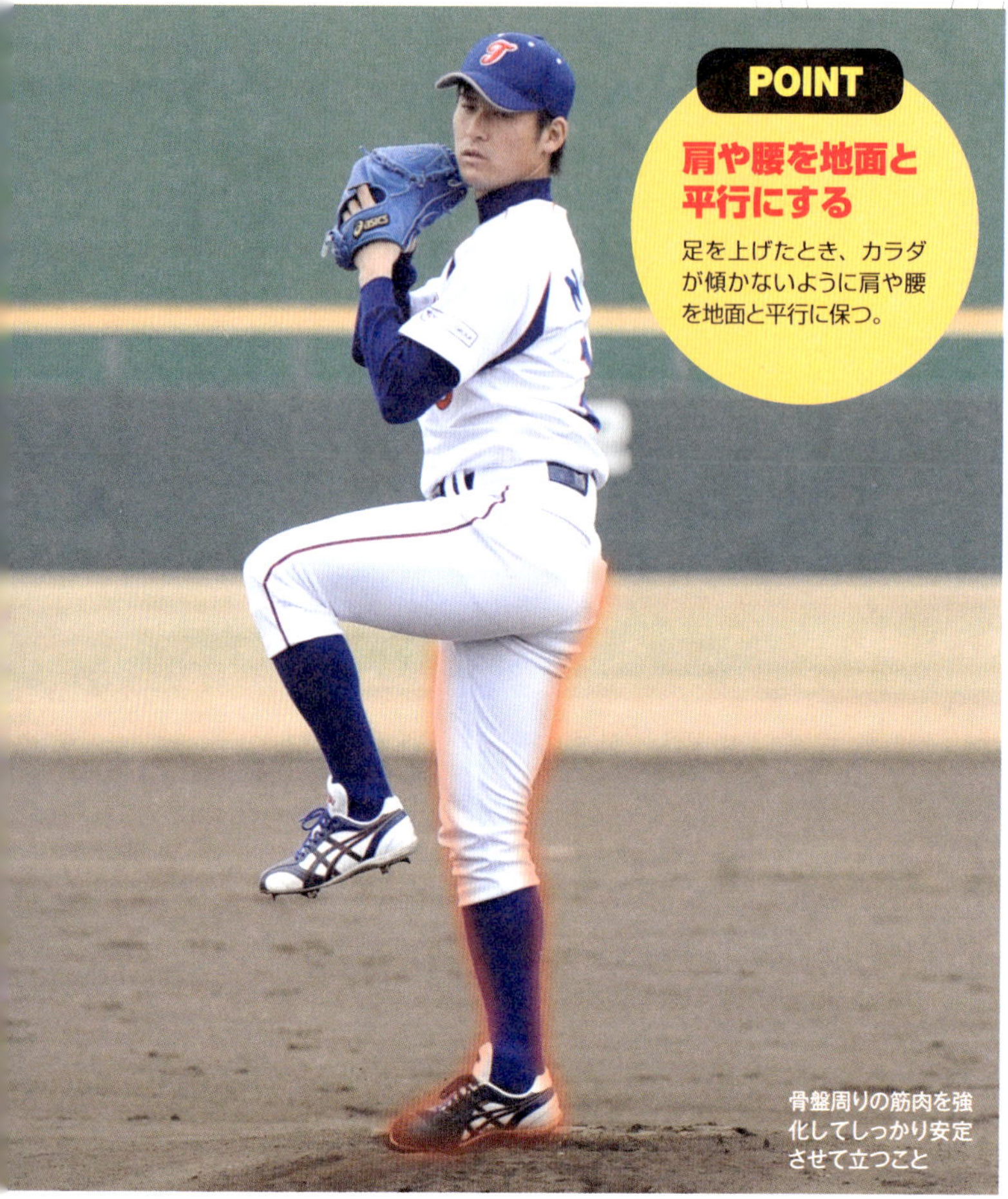

POINT
肩や腰を地面と平行にする
足を上げたとき、カラダが傾かないように肩や腰を地面と平行に保つ。

骨盤周りの筋肉を強化してしっかり安定させて立つこと

▼足を上げる

球速も制球力もすべては軸を安定させて立つことから!!

足上げ動作によってエネルギーをつくる

ワインドアップであれ、セットポジションであれ、軸足1本で立つ動作は必ずおこなわれる。なぜなら、この動作は投げる力を生むために欠かせないからだ。投球のエネルギーは、前足をステップによる体重移動によって生まれる。この体重移動で大きなパワーがつくられ、それをムダなく腕へ伝えることができれば、速い球が投げられるのだ。

だからこそ体重移動の前の軸足立ちで、カラダをぶらすことなく立つことが重要なのだ。

理想の軸足立ちは、腰や肩が二塁方向に傾かず、地面と水平を保ち、カラダの軸を安定させた姿勢。そこから軸足に乗った全体重をステップによって前に運ぶことで大きな運動エネルギーが生まれる。

足の踏み変えから軸足立ち

1 カラダに余計な力を入れずにリラックスをしてモーションに入る

2 キャッチャーミットを見定めプレートを踏み替える

3 上半身が不安定にならないように軸足でしっかり立つ

安定した軸は体幹と下半身の筋トレで鍛える

上達のコツ
the keys to success

下半身始動によるステップ

▼ステップ ヒップファーストのステップが投球のエネルギーをつくる

1 軸足を安定させて立つ

母指球と内ももに力を入れて安定した軸をつくる

母指球とは?
足の親指の付け根あたり。
ここで踏ん張ることが大事

我慢をしながら前にステップする

前ページでも紹介したように軸足に乗った全体重を前に移動させることによって、大きなエネルギーが生まれる。

理想の前足ステップは、軸足の内ももの筋肉（内転筋）に力を入れて、お尻がキャッチャー方向へ向く、いわゆる「ヒップファースト」の動きだ。この形であれば、前への体重移動を長く保つことができ、多くのエネルギーを生産することができる。

逆に、前足がすぐに地面に着地してしまう体重移動の短いステップは、前の肩も開いてしまいピッチャーにとってメリットはひとつもない。

おかしな話ではあるが、前への体重移動でパワーをつくるのにも関わらず、その移動を我慢させることが大切なのだ。

2 内ももに力を入れてステップ

軸足の内ももに力を入れカラダの開きを抑えながら並進し重心をカラダの中心に保つ

3 軸を保ちながら前足の着地

前足着地直前の姿勢。ギリギリまで後ろ足に荷重している

POINT

後ろ足の母指球と内ももを使う

重心の移動を遅らせるには後ろ足の母指球と内ももで踏ん張ることが大切。

「く」の字に折ってお尻から前に向かう感覚を身につけよう。

上達のコツ
the keys to success

正しい手首の使い方

▼手首の返し

手首を我慢してから返すことで腕の振りが加速する

4 前足を着いたらヒジを肩の高さまで上げる

5 ヒジから前に出してしなるように腕を振る

ボールを二塁へ向けながらヒジを上げる

ここでは腕を振り上げるときの手首とヒジの使い方を解説する。野球をはじめたばかりの人がボールを投げようとすると、ボールを下から持ち（手の甲が地面を向く）腕を振り上げようとする。しかしこの投げ方では肩やヒジに負担がかかるし、腕のねじりを利用した投げ方もできない。

正しく投げるには、ボールを下にしてつかみ、手の甲をバッターや三塁方向へ向けたままヒジを上げる。すると、ある地点で手首を返さなければ肩が窮屈になり、それ以上は上がらなくなる。そこで一気にヒジと手首を返すことで、腕の振りがさらに加速するのだ。その地点まで我慢して腕をねじりながら上げることを意識してみよう。

1 手の甲を外側に向けて
ボールを握る

2 その向きのままできる
だけ腕を上げる

3 がまんした手首を返して
ボールを前に向ける

POINT

**手の甲を上に
向けて握る**

ボールを握る手の甲を上
に向けながらボールを持
ち上げることが大切。

手首をギリギリまで
我慢してから
一気に返す。

上達のコツ
the keys to success

前足ステップからカラダの回転

▼腰の回転
それまでの並進運動を回転運動に変える

軸足で重心移動を我慢することで投球のパワーが生まれる

1 前足ステップの並進運動

POINT

下半身の力を上半身へ伝える

前足の並進運動から、腰や肩の回転運動へとカラダの使い方が変わる。

前足で受け止めて腰を回転させる

軸足にある体重を前足ステップによって移動させたら、次は腰の回転動作に入る。それまでの、前足ステップによる並進運動を、回転運動に変えるのだ。

ここで大切なことは、ステップした前足でしっかり体重を受け止めること。前足で踏ん張ることができないと、カラダが流れてしまい腰を効果的に回せない。これはステップした前足で「カベ」をつくるバッティングと同じ。バッティングもピッチングもステップした前足の使い方がパワーを増幅させるにはとても大切なのだ。

また、腰の回転をはじめたときに、肩は回さないことが重要。腰と肩の回転に差をつけることで上半身がねじられ、それが大きなパワーになる。

前足のステップがパワーを受け止めてそれを腰の回転によって上半身へ伝達
ねじられた体幹を通ってそのパワーが肩へと伝わりヒジから指先へと向かう

2 腰の回転運動がはじまる

3 肩の回転運動がはじまる

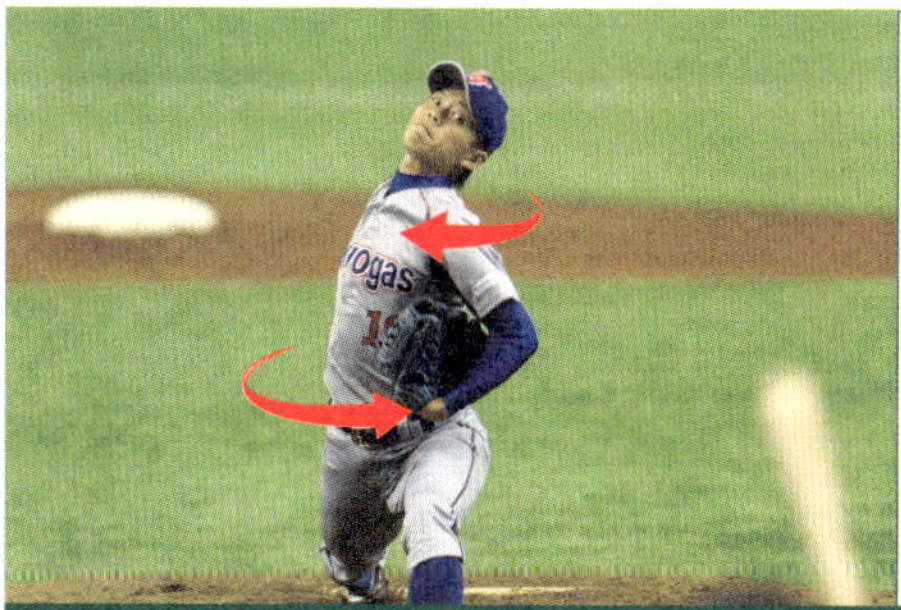

腰と肩の回転運動に“間”をつくりカラダをねじらせる。

上達のコツ
the keys to success

前足と後ろの肩の対角を意識する

▼肩の回転

前の肩を支点にして後ろの肩が追い越す

POINT

肩の開きを抑え対角線をつくる

前足ステップ時に肩の開きを抑えることで、対角線を長く保てる。

前足ステップ時にヒジを肩の高さに上げて対角線をつくる

上半身のねじりから一気に肩を回す

腰の回転の次は、肩の回転。前ページにもあるように、腰と肩の回転始動のタイミングに差をつけ、上半身をねじらせることで肩は力強く回転する。ねじられた上半身は引っ張られたゴムのようなもので、手を離せばゴムは一瞬で縮まるように、肩もすばやく回るのだ。

このゴムの作用は、右上写真のように、前足と後ろの肩を対角線で結んでみるとイメージしやすい。前足ステップから腰を回転させつつ、肩の開きを我慢することで対角線が長くなる。これが引っ張られたゴムであり、ねじられた上半身だ。その後は左腕のグローブをカラダに引きつけて、後ろの肩を勢い良く前に出す。後ろの肩が前の肩を追い越すようなイメージだ。

前肩を追い越す後ろ肩の動き

前足ステップ時に肩が本塁に対して垂直になることが大切。ここから前肩を追い越すように後ろの肩が前に出る

左肩を支点にして右肩が追い越すようなイメージ。

上達のコツ
the keys to success

加速していく腕の振り方

▼腕の振り1

ヒジよりもボールを遅らせて最後は指先で弾くように押し出す

3 カラダをたたみながらボールよりもヒジを前に出す

4 手がヒジを越えたら指先でボールを弾くようにリリース

大きい筋肉から徐々に小さい筋肉へ伝える

ピッチングでのパワーは、下半身やお尻の大きな筋肉を使った体重移動によってつくられる。そこから腰を回し体幹の筋肉をねじり、そのパワーを余すことなく肩の回転を通じて腕へと伝える。下半身から体幹、そして腕と、筋肉は徐々に小さくなっているが、動きはどんどん加速していく。

体重移動の速度より、体幹の回転速度の方が速く、それよりも腕の振りの方が速い。そしてリリース時のスナップが最速になる。つまり、下半身で生まれた力を加速させながら指先へと伝えているのだ。ただやみくもに腕を強く振るのではなく、ムチのようにしなやかに先端に力を伝達させるイメージで振ることが大切だ。

POINT

指先に向かうほど加速するイメージ

先端に向かうほど加速するように腕をムチのようにしなやかに振る。

1 スムーズな腕の振りをするためには前足ステップ時にヒジを肩の高さにあげておく

2 ボールを上げたときのヒジの角度は直角になるように

ヒジから動かして ムチのように 腕をしならせる。

上達のコツ
the keys to success

▼腕の振り2
さまざまなピッチャーの腕の振り

PLAYER'S COMMENT 右投げ・オーバースロー ▸

腕に力を入れるのは最後のリリースの瞬間だけです。それまでは脱力したまま腕を振り、最後のリリース時に思い切り縦に振るようなイメージです。

全身を使って振られた腕がしなやかに躍動

投球後にまっすぐ正対できているのはフォームのバランスが良い証拠

PLAYER'S COMMENT 右投げ・オーバースロー ▸

腰の位置から一気にリリースポイントにボールを持ってきます。リリース時はボールを地面にたたきつけるようなイメージで回転を与えています。

腕をムチのようにしなやかに振っている

投球後はすばやく守備体勢に入る

PLAYER'S COMMENT 左投げ・オーバースロー ▸

腕を上げるまでは力を抜いておき、ヒジが上がってからは力いっぱい振るイメージです。リリース時はボールをたたきつけるように投げます。

柔軟性の高い肩とヒジが可能にする腕の振り

フォロースルーの後は守備体勢にすばやく移行

両腕が肩のラインで左右に
伸びる独特なフォーム

ヒジが遅れているがここから
一気にヒジが前に出てくる

肩の高さにヒジを直角に上げ
ている見本となるフォーム

ヒジから先に前に出てボール
は後からついてくる

肩の高さにヒジが上がったき
れいなフォーム

胸をしっかり張って腕がし
なっている

ココが弱点

片足で立ったときにカラダがぐらついてしまう。

なぜ、軸足が安定しないのか？

考えられる原因

- 軸足を支える下半身の筋力が弱いから。
- バランス感覚が乏しいから。
- カラダを支える体幹部の筋力が弱いから。

解決方法

練習法①

バランスマットで筋力を強化。

▶▶▶ P.43へGO!

練習法②

片足ボール拾いでバランス感覚を強化。

▶▶▶ P.44へGO!

練習法③

４方向片足ジャンプスローで筋力を強化。

▶▶▶ P.45へGO!

これで克服

▼軸足を安定させる練習法①

シャドーonバランスマット

狙い

不安定なバランスマットの上でシャドーピッチングをすることで、軸足を強化させることができる。

やり方

❶ 軸足をバランスマットの上に置く
❷ その場でシャドーピッチングをする

これで克服

▼軸足を安定させる練習法②

片足ボール拾い

1 1mほど前にボールを置く

2 片足立ちでカラダを安定させる

3 片足立ちのままボールを拾う

4 ボールを拾ったら片足で直立

狙い

地面にあるボールを片足立ちで拾うことで片足のバランス感覚を強化する。

やり方

❶ 1mほど前にボールを置く
❷ 片足立ちのままボールを拾う
❸ 足の左右を変えて繰り返す

これで克服

▼軸足を安定させる練習法③

4方向片足ジャンプスロー

1 軸足で立ち前後左右のどこかにジャンプ

2 ジャンプ後に姿勢を崩さないように

3 相手に正確に投げる

狙い

軸足1本で立った姿勢で前後左右にジャンプしてから投げることで軸足のバランス感覚と筋力が鍛えられる。

やり方

❶ 軸足1本で立つ
❷ 前にジャンプ
❸ 姿勢を保ったまま正確に投げる
❺ ジャンプの方向を変えて繰り返す

ココが弱点

下半身から動き出すような投球フォームができない。

なぜ、お尻から前に出せないのか?

考えられる原因

- 腕に意識が向かっているから。
- 下半身の筋力が弱いから。
- 体重移動がうまくできないから。

解決方法

練習法①

イスに座り下半身の使い方を確認。

▶▶▶ P.47へGO!

練習法②

メディシンボールを投げて下半身始動を身につける。

▶▶▶ P.48へGO!

練習法③

前足、後ろ足ステップで体重移動を確認。

▶▶▶ P.49へGO!

これで克服

▼下半身始動の練習法①

イスに座ってシャドー

1 かまえた姿勢で座る

2 前足を斜め上に上げる

3 お尻が前に突き出る形をつくる

4 足を前にステップして腕を振る

狙い

イスに座って前足を逆「く」の字に動かしてお尻から前に出すような動きを身につけさせる。

やり方

❶ イスに座る
❷ 前足で逆「く」の字を描く
❸ その足を前に出してシャドー

これで克服

▼下半身始動の練習法②

メディシンボールスロー

1 メディシンボールを持つ

2 腰を落としてテイクバック

3 下半身から伸び上がる

4 カラダ全体を使って遠くへ投げる

狙い

重いメディシンボールを遠くに投げるには腕だけではなく下半身を使って投げる必要があるので、下半身始動の動きを確認できる。

やり方

❶ 腰を落としてテイクバック
❷ 遠くへメディシンボールを投げる

これで克服

▼下半身始動の練習法③

前足、後ろ足ステップスロー

1 セットアップのかまえで立つ

2 前にジャンプして前足１本で立つ

3 後ろにジャンプして後ろ足１本で立つ

4 お尻から前に体重移動していく

5 下半身始動のフォームを身につける

狙い

前足に荷重してから後ろ足に荷重することで体重移動を意識的におこなうことができ、お尻から前足を出す動きに移行しやすくなる。

やり方

❶ 前にジャンプして前足1本で立つ
❷ 次は後ろにジャンプして後ろ足1本で立つ
❸ お尻から前にステップして投げる

弱点克服トレ ▶ トップを定める練習法

ココが弱点

投げる度にトップの位置がぶれてしまい安定しない。

なぜ、トップが一定にならないのか？

考えられる原因

- 正しいトップの位置を理解していないから。
- 下半身と上半身が連動していないから。
- 下半身に意識が向きすぎているから。

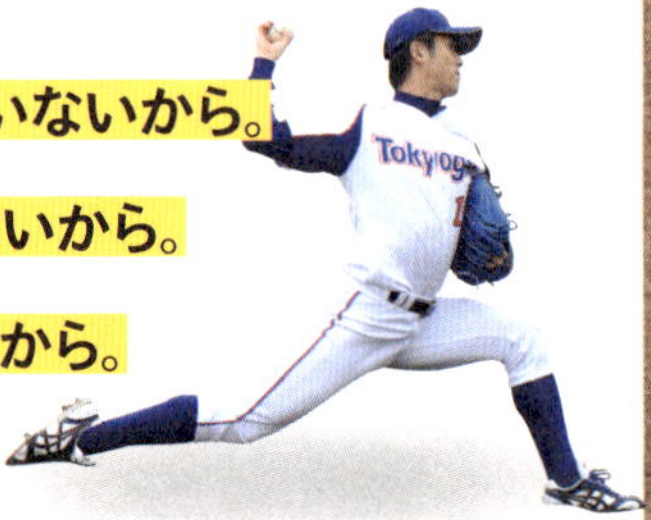

解決方法

練習法①

かまえからトップまでを繰り返し確認。

▶▶▶ P.51へGO!

練習法②

ノーステップで上半身の動きを確認。

▶▶▶ P.52へGO!

練習法③

山なりや叩きつけでヒジを上げる動きを身につける。

▶▶▶ P.53へGO!

1 最初は後ろ足に体重を乗せる

2 前足に体重を移動させる

3 前足荷重のタイミングでヒジを肩の高さに

4 1〜3を10回繰り返してから投げる

これで克服

▼トップを定める練習法①

トップ反復スロー

狙い

前足をステップさせたときにヒジが肩の高さにあるのが正しいタイミング。このタイミングを身につけるためにリズミカルに繰り返しおこなう。

やり方

❶ 足を大きく開いて後ろ足荷重
❷ 荷重を前足に移したタイミングでヒジを上げる
❸ ❶と❷を10回程度繰り返してから投げる

これで克服

▼トップを定める練習法②

ノーステップスロー

1 両足を肩幅２つ分ほど開く

2 足を着けたまま前足荷重

3 後ろ足荷重でテイクバック

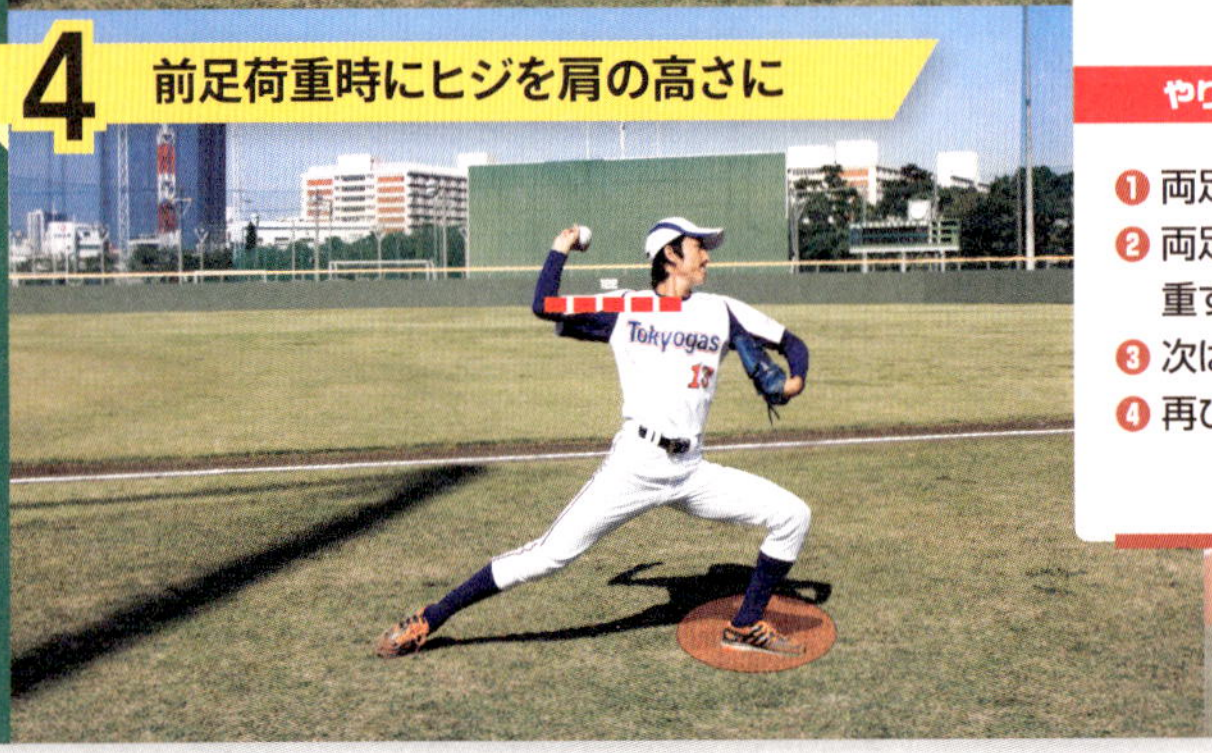

4 前足荷重時にヒジを肩の高さに

狙い

下半身のステップをしないことで意識が上半身だけに向けられ、トップをつくるタイミングを一定に保ちやすくなる。

やり方

❶ 両足を大きく開く
❷ 両足を地面に着けたまま前足に荷重する
❸ 次は後ろ足に荷重する
❹ 再び前足荷重に移って投げる

これで克服

▼トップを定める練習法③

山なりや叩きつけスロー

1 上に投げれば自然とヒジが肩のラインに揃う

2 下に叩きつけるときもヒジが肩のラインに揃う

狙い

山なりや叩きつけるような投げ方をしようとすれば、前足着地時に自然と肩のラインにヒジがくる。この感覚を身につけさせる。

やり方

❶ 上に向かって投げる
❷ 下に向かって叩きつける

弱点克服トレ ▶ リリースを安定させる練習法

ココが弱点

投げる度に腕の振りがぶれてしまい安定しない。

なぜ、リリースが一定にならないのか？

考えられる原因

- ✓ 腕の振りが定まっていないから。
- ✓ 指先の使い方が安定していないから。
- ✓ 腕を柔軟に使えていないから。

解決方法

練習法①

ラケットを振って
腕の振りを確認。

▶▶▶ P.55へGO!

練習法②

寝ながら投げて
リリースを身につける。

▶▶▶ P.55へGO!

練習法③

両腕回しスローで
腕の振りを確認。

▶▶▶ P.56へGO!

これで克服

▼リリースを安定させる練習法①

ラケット振り

狙い

テニスラケットの面を前に向けたままシャドーピッチングをすることで、まっすぐに腕が振れるようになる。

やり方

❶ テニスラケットの面の向きを確認
❷ まっすぐ前に振り下ろす

これで克服

▼リリースを安定させる練習法②

寝ながらスナップ

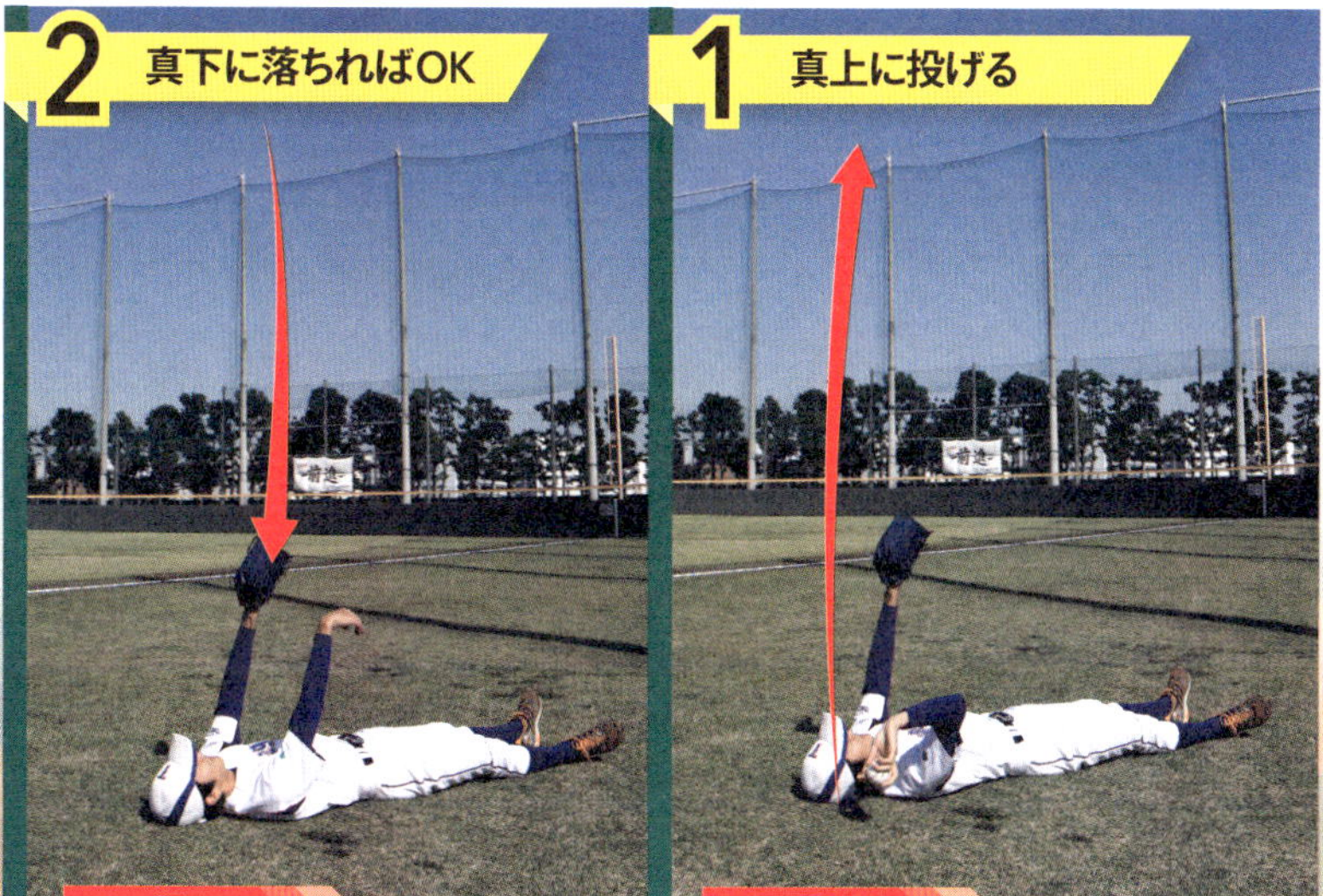

狙い

手首から指先のリリースを安定させるための練習。真上に投げて真下に落ちてくれば正確にリリースできていることになる。

やり方

❶ 仰向けに寝て真上に投げる
❷ まっすぐ落ちてくればOK

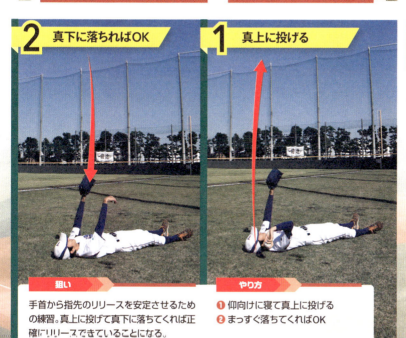

これで克服

▼リリースを安定させる練習法③

両腕回しスロー

両足を大きく広げた姿勢から胸の前でボールをかまえ
両腕を下ろして内回しの動作に入る

下から回ってきた両腕をそのまま上まで持っていき
再び胸の前で合わせる。この動作を2周程度繰り返す

内回しの動作を止めずに3周目あたりで投球するために
前腕を手前に引き寄せる

狙い

両腕内回しをおこなうことで、ボールを持った手首とヒジの返しの動きを身につけ、この動作の延長でボールを投げることが大切。

やり方

❶ 胸の前でかまえて両腕を内回し
❷ 2周程度回す
❸ 3周目でボールを投げる

後ろの腕は内回しの動作から自然に投球に移行できるように
ヒジと手首の返しをスムーズにおこなう

ヒジと手首を
できるだけ我慢してから返す

ココが弱点

腰や肩の回転がうまくいかず、腕だけで投げている。

なぜ、カラダがうまく回らないのか?

考えられる原因

- 下半身始動で投げられていないから。
- 手投げになっているから。
- カラダを開くのが早いから。

解決方法

練習法①

シャドーピッチングでカラダの使い方を身につける。

▶▶▶ P.59へGO!

練習法②

トンボシャドーでカラダを大きく使う。

▶▶▶ P.60へGO!

練習法③

キャッチャーミットシャドーでカラダの開きを抑える。

▶▶▶ P.61へGO!

これで克服

▼カラダの回転をつかむ練習法①

シャドーピッチング

1 左足の前にボールを置く

2 低く重心を保って腕を振る

3 上半身を自然に折りたたんでいく

4 最後はボールをキャッチ

狙い

左足の前にボールを置くことで、重心が高くなりがちなシャドーピッチングの重心を低く抑えながらおこなえる。

やり方

❶ 左足の前にボールを置く
❷ シャドーピッチングでそのボールを取る

これで克服

トンボシャドー

▼カラダの回転をつかむ練習法②

1 左足の斜め前にボールを置く

2 下半身でカラダを支える

3 ゆっくりと大きく振り上げる

4 トンボの先端をボールに

狙い

先端が重いトンボを持ってシャドーピッチングをすることで、カラダの右半身を大きく使うフォームが身につく。

やり方

❶ 左足の斜め前にボールを置く
❷ トンボを持ってシャドー
❸ トンボの先端をボールにつける

※トンボを振るときは周りに人がいないことを確認すること。

これで克服

▼カラダの回転をつかむ練習法③

キャッチャーミットスロー

1 軸足を安定させて立つ

2 カラダの開きを抑えてテイクバック

3 左足をカラダに引き付ける

4 リリースポイントは常に一定に

狙い

通常のグローブより重いキャッチャーミットを使うことで左腕の使い方とカラダの開きを抑えるカラダの使い方が身につく。

やり方

❶ キャッチャーミットをつける
❷ そのままキャッチボール

PART 1
フォームをつくる
DIGEST

試合前にもう一度

ココだけはチェック

慎重になりすぎて腕の振りが小さくなったり、疲れが出てくる終盤にリリースポイントが下がったりと、ピッチャーのフォームを一定に保つことは難しい。ここではいつもどおりのフォームを取り戻すチェックポイントを紹介する。

▸ Check Point

軸足１本で立っていられるか？

打ち込まれたりして気持ちに焦りが出てくると、軸足で立つ動作が短くなりがち。また疲れが出てくる後半には安定性が欠くことも。

▸ Check Point

いつもどおりプレートを使えているか？

試合の流れに一喜一憂せず、プレートに足をかけるときは気持ちを落ち着かせて静かに足を踏み変えること。

▸ Check Point

自分の握りができているか？

試合前日には、爪や指先のコンディションにも気を配り、いつもどおりの感覚でボールを握れるようにしておきたい。

▸ Check Point

前足の着地が早くないか？

下半身に疲労が溜まる試合の終盤では、軸足での踏ん張りが弱くなり前足ステップが小さくなったり、カラダの開きが早くなったりするので気をつけよう。

▸ Check Point

腕の振りが小さくなっていないか？

試合の立ち上がりに必要以上に慎重になりすぎて腕の振りが小さくならないように気をつけよう。マウンドに立ったら、強気で攻める気持ちを大切にしよう。

コラム2

日米の違いと動くボールの正体

日本とメジャーの違いを比較すると、「動くボール」という言葉がよく使われる。メジャーで成功するか否かは、これに対応出来るかどうかとも言われている。しかしながら、この動くボールがどのようなボールなのかは十分に解明されていない。実際、アメリカの選手の速球は他国とくらべて変化量に差はない。しかし、変化の方向が一球ごとに大きくばらついている。つまり、動くボールとは変化の方向が一定ではないボールであると推測させる。日本の選手が投げる球種は、それぞれの境界がはっきりしているのに対して、アメリカの選手は境界が曖昧。このようなボールを攻略するには、球種やコースを予想するだけではなく、ボールの変化にも対応しなければならないため、より高い打撃技術が求められる。

PART 2
変化球の握り

腕を振る角度や指の長さによって、自分に合った変化球の握りは異なる。ここでは社会人で活躍するピッチャーの方々に自分の握りを解説してもらった。それらを参考にして自分に合った握りを見つけよう。

様々なピッチャーの握りを見て自分に合う変化球を見つけよう!!

1 カーブ

▸▸ P.68-70へGO!

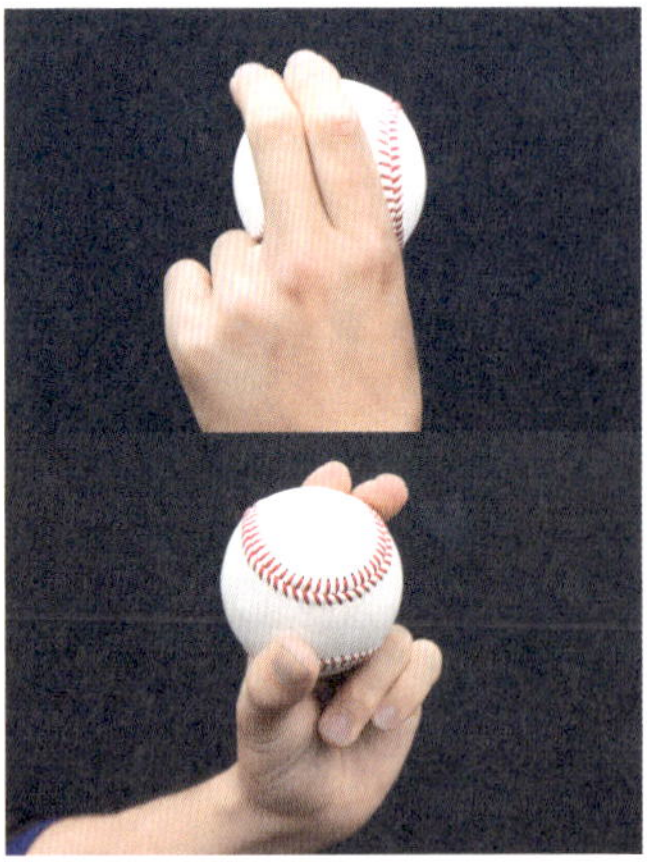

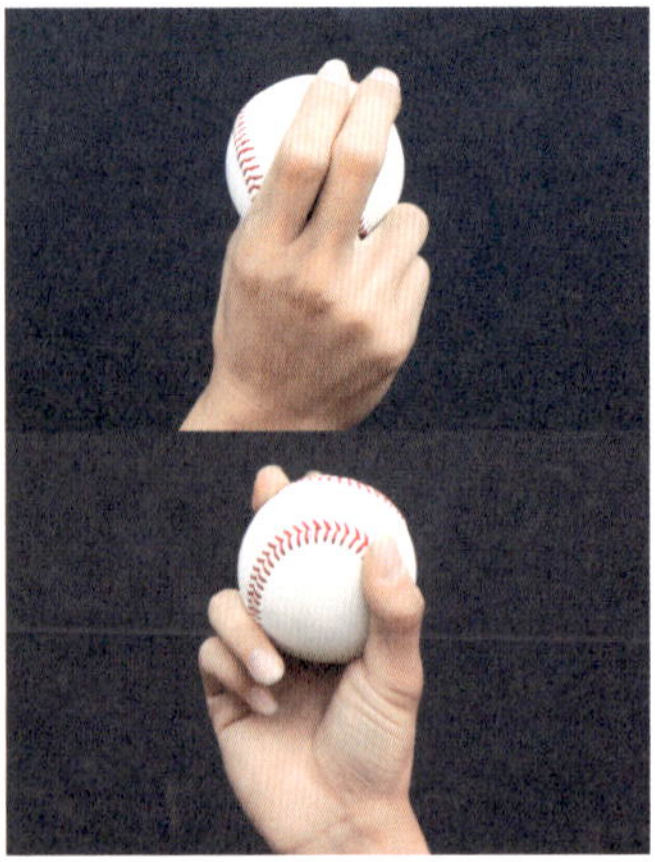

ストレートとの球速差が大きなカーブは軟式野球でも大きな武器になる。腕も大きくしっかり振れるのでまずはここから習得しよう。

4 フォーク、スプリット

▸▸ P.80-82へGO!

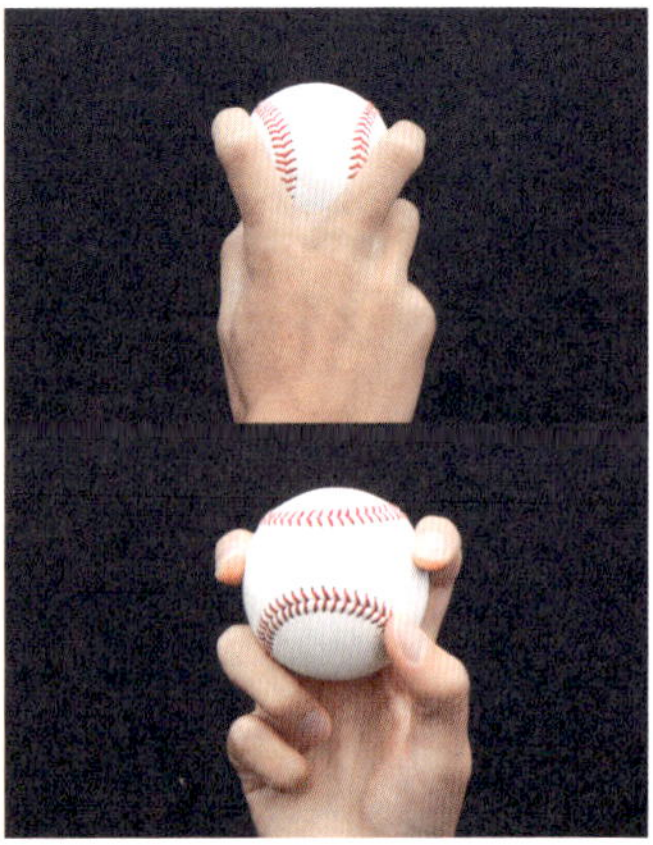

深く握れば落差の大きなフォークになり、浅く握れば落差よりスピード重視のスプリットになる。

5 チェンジアップ

▸▸ P.84-86へGO!

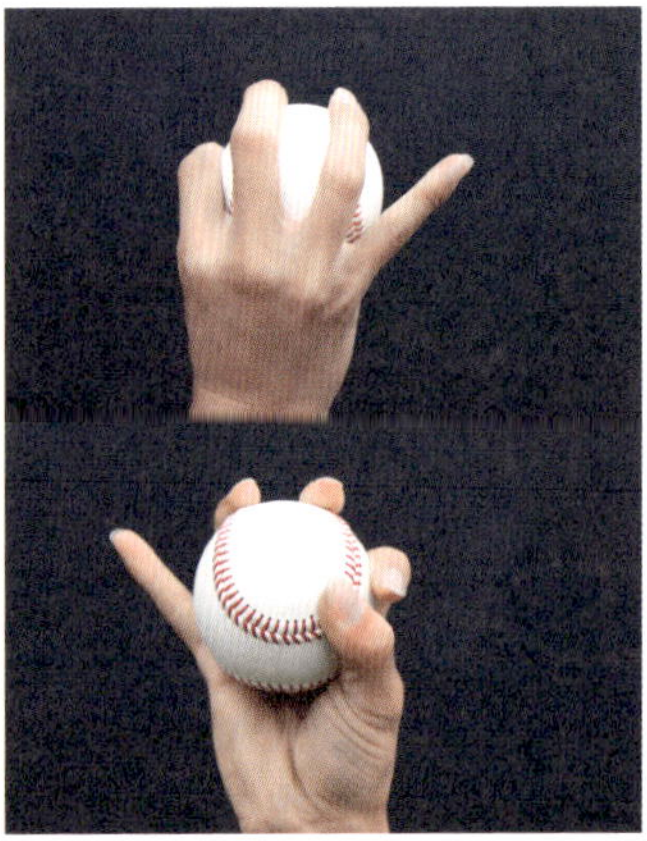

ストレートと同じ腕の振りでありながらブレーキのかかった軌道になり、緩急差をつけられる。

3 ツーシーム

P.76-78へGO!

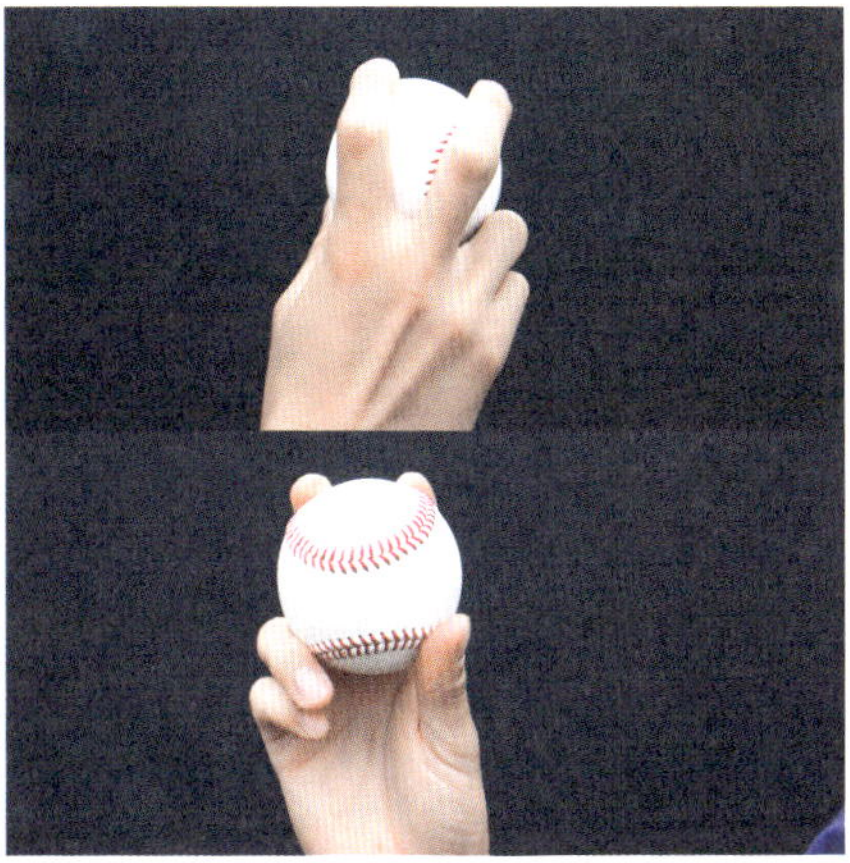

ストレートに近いスピードを保ちながら手元でシュート気味に沈む軌道になる。

2 スライダー

P.72-74へGO!

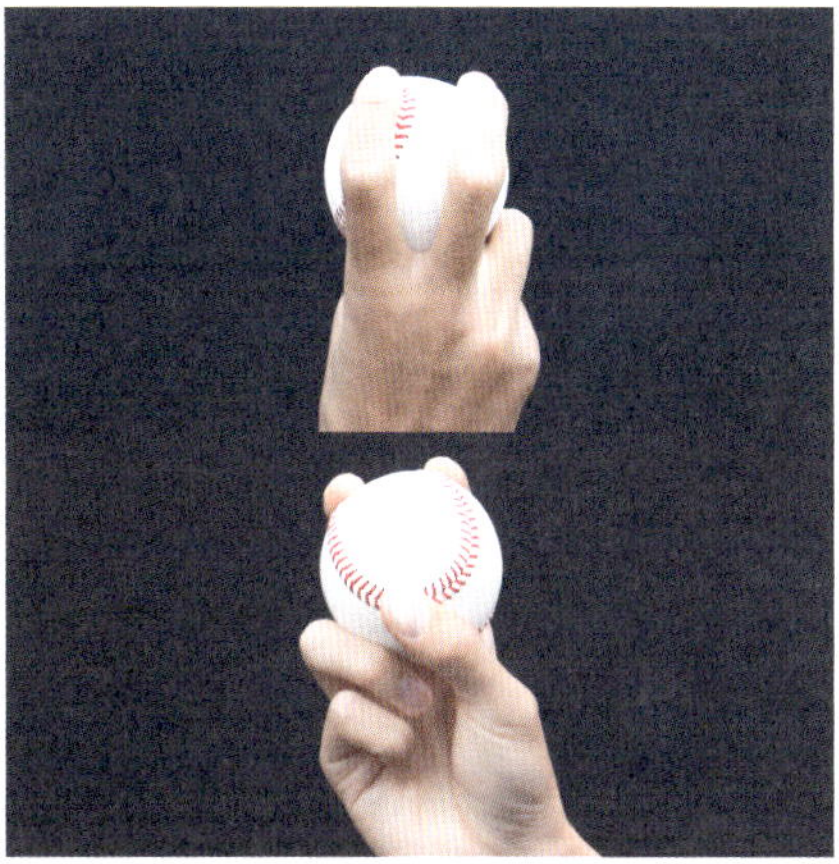

スピードを保ちながら横に曲がる軌道になる。投げ方次第では落ちる軌道にもなる。

7 シュート

P.90へGO!

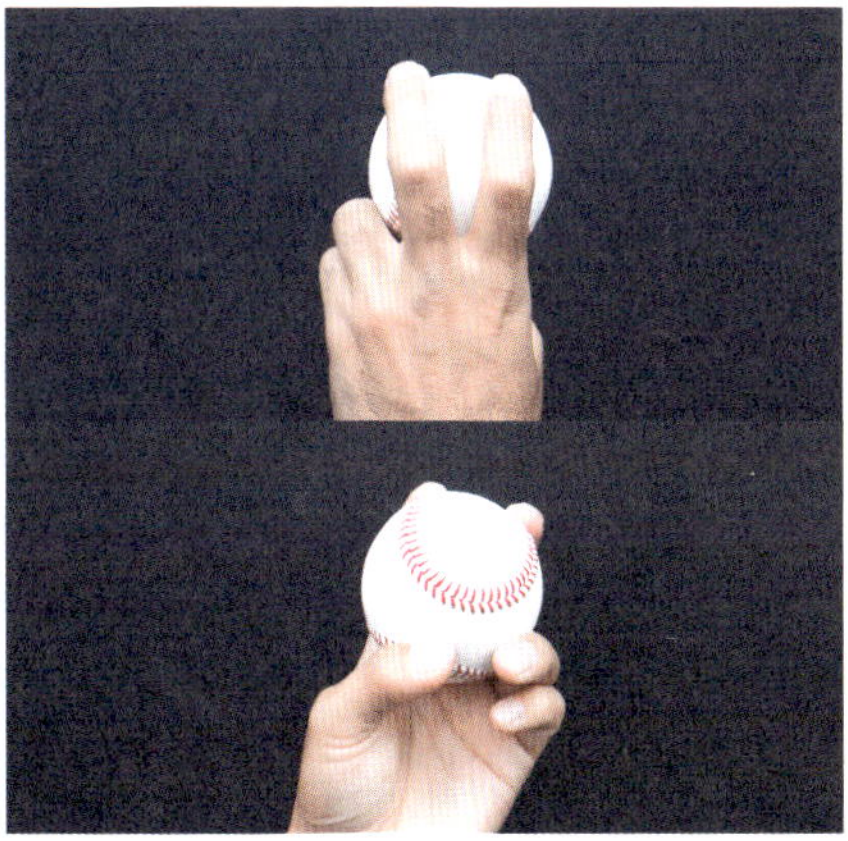

カットボールの逆に曲がる軌道なので右バッターの手元に食い込むような軌道になる。

6 カットボール

P.88へGO!

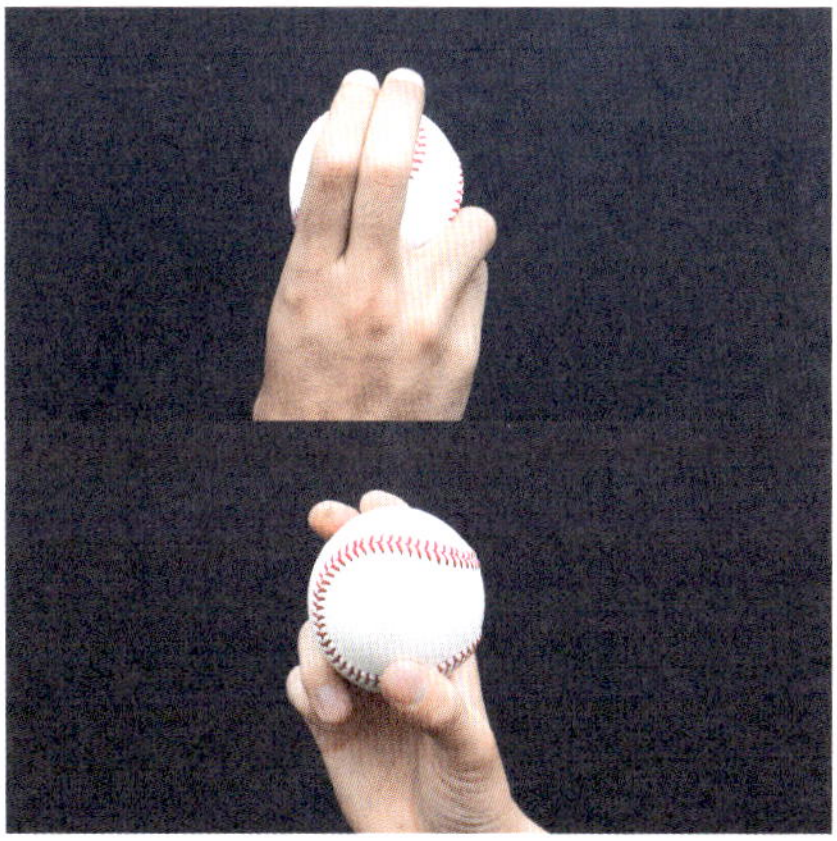

ストレートのようなスピードで手元で少しだけ左に曲がりバットの芯を外すような軌道になる。

カーブの軌道（右投手）

▼カーブ1 習得しやすい変化球なので ここから練習してみよう

POINT

大きく曲がって緩急がつく

球速が遅く比較的大きく曲がって落ちるので、直球との緩急差が大きい。

右から左に曲がりながら落ちていく。球速は出ないのでストレートとの緩急差が大きくなる

ストレートとの球速差で攻める

最も基本的な変化球で、多くの野球少年が最初に試みる。握りの写真を見てもらえば一目瞭然だが、片方の縫い目にしか指をかけていない。右ピッチャーであればボールの右側をつかんでいる。これで右から左へ比較的簡単に曲げることができる。

ただし、カーブだけでは試合で抑えるのは難しい。最初から球速の遅いカーブがくると分かっていれば、それはバッターにとっては打ちごろの球ともいえるからだ。カーブを試合で有効に使うには、やはりストレート主体で攻めながら、要所で織り交ぜていく攻め方がセオリーだろう。ストレートとの緩急差でタイミングを外したり、相手バッターのフォームを崩すことができればバッチリだ。

PLAYER'S COMMENT　右投げ・オーバースロー

球速を落としたいので少し手のひらがボールに触れるぐらい深く握ります。普通は親指が上を向くようにひねる人が多いけれど、自分の場合は真下の振り下ろすイメージなので、親指が上を向くことはありません。

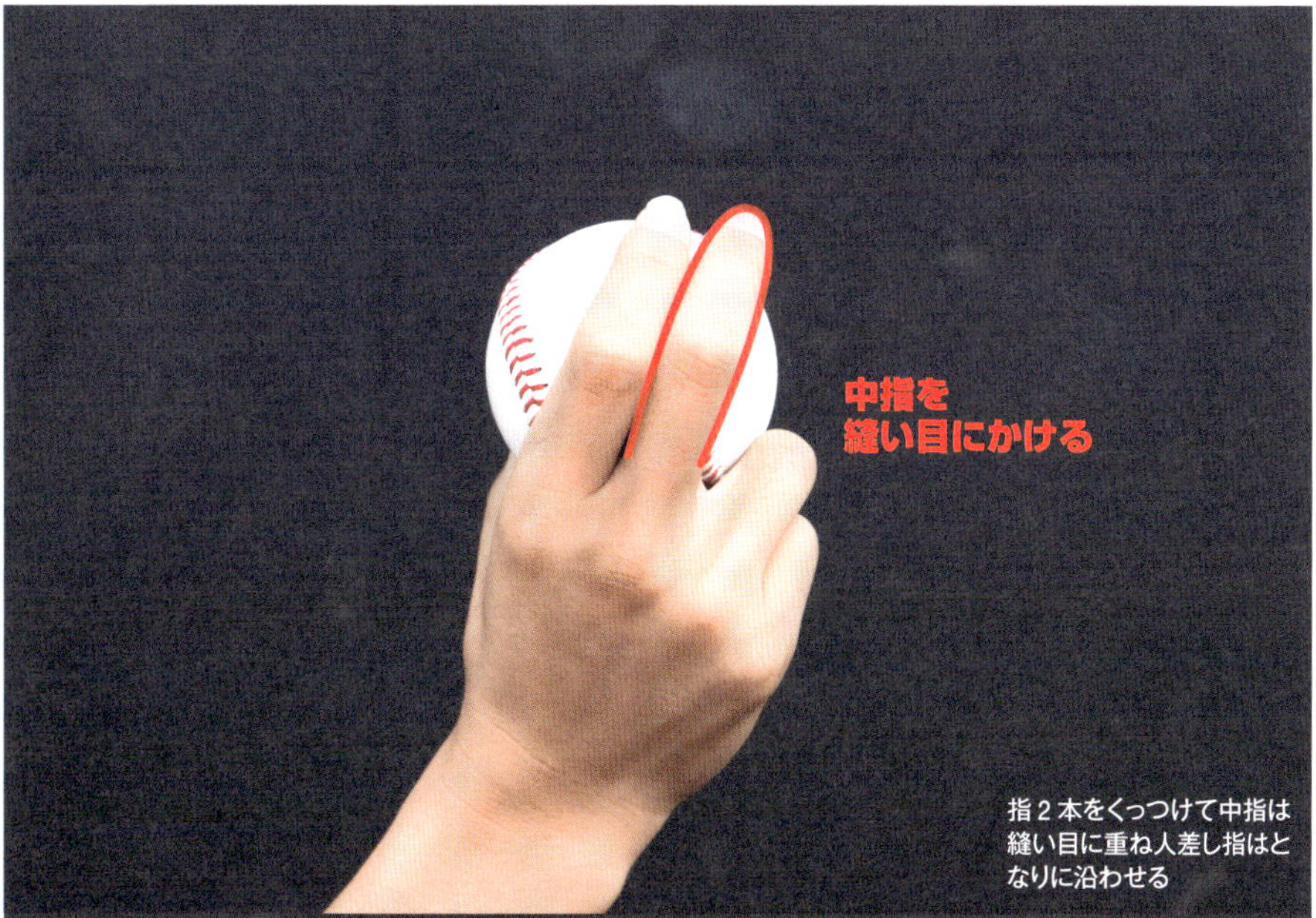

指２本をくっつけて中指は縫い目に重ね人差し指はとなりに沿わせる

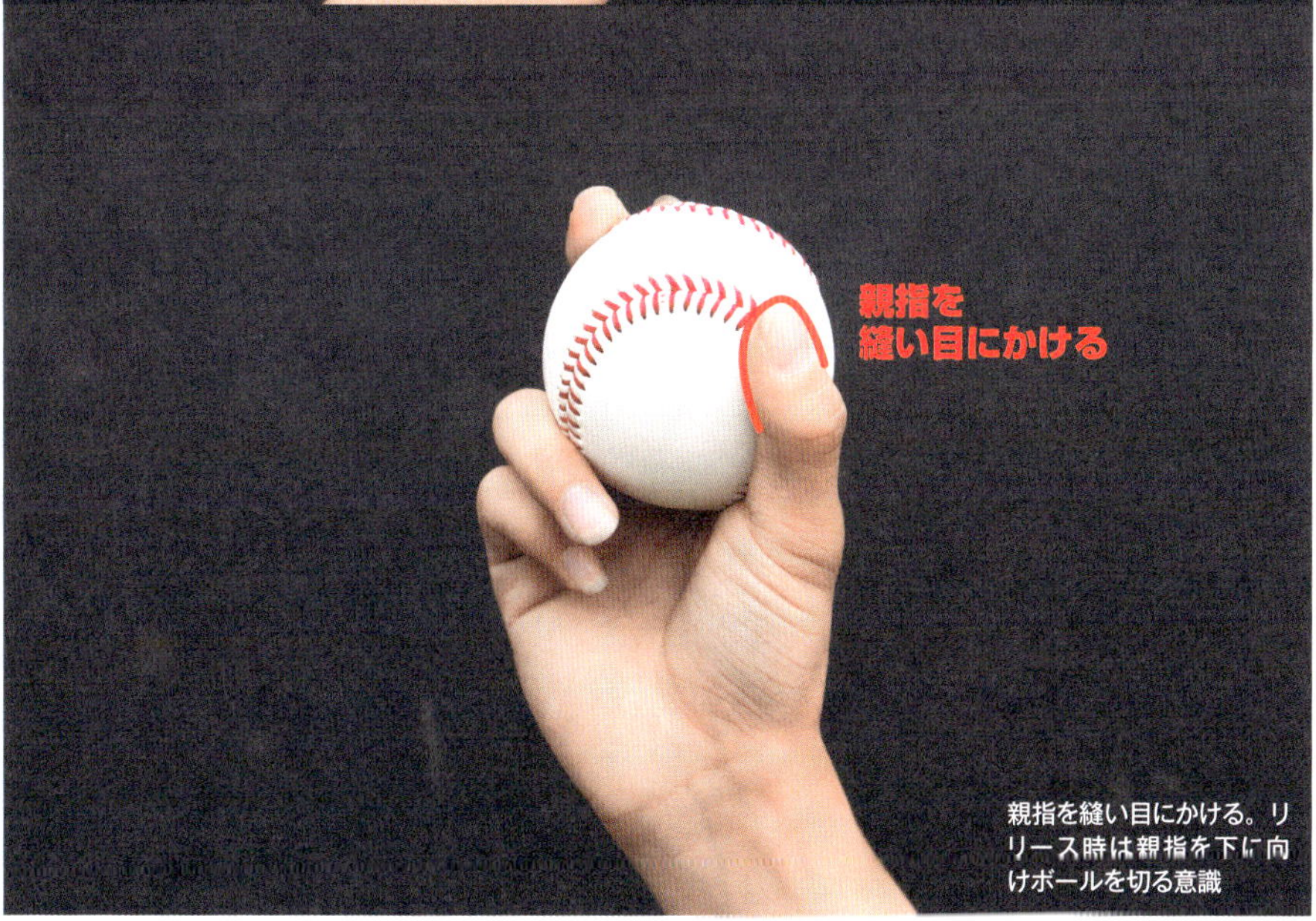

親指を縫い目にかける。リリース時は親指を下に向けボールを切る意識

▼カーブ2
さまざまなカーブの握り

PLAYER'S COMMENT　左投げ・オーバースロー ▶

手首を内側に倒して抜きます。リリースのときに親指と中指の間から抜くようなイメージです。中指を縫い目にかけていますが、親指と人差し指はかけていません。

中指を
縫い目にかける
中指だけを縫い目にかけている。
人差し指はとなりに沿わせるだけ

親指は
縫い目にかけない
親指も縫い目にはかけずボールを
下から支える程度

PLAYER'S COMMENT 右投げ・オーバースロー ▶

手のひらがボールに触れるぐらい深く握ります。中指と親指でしっかりと縫い目にかけて人差し指は添えるだけです。リリースは中指と親指で同時に抜くイメージで投げています。手首を意識的にひねることはありません。

中指は少し浮かせて指先を正確に
縫い目にかけている

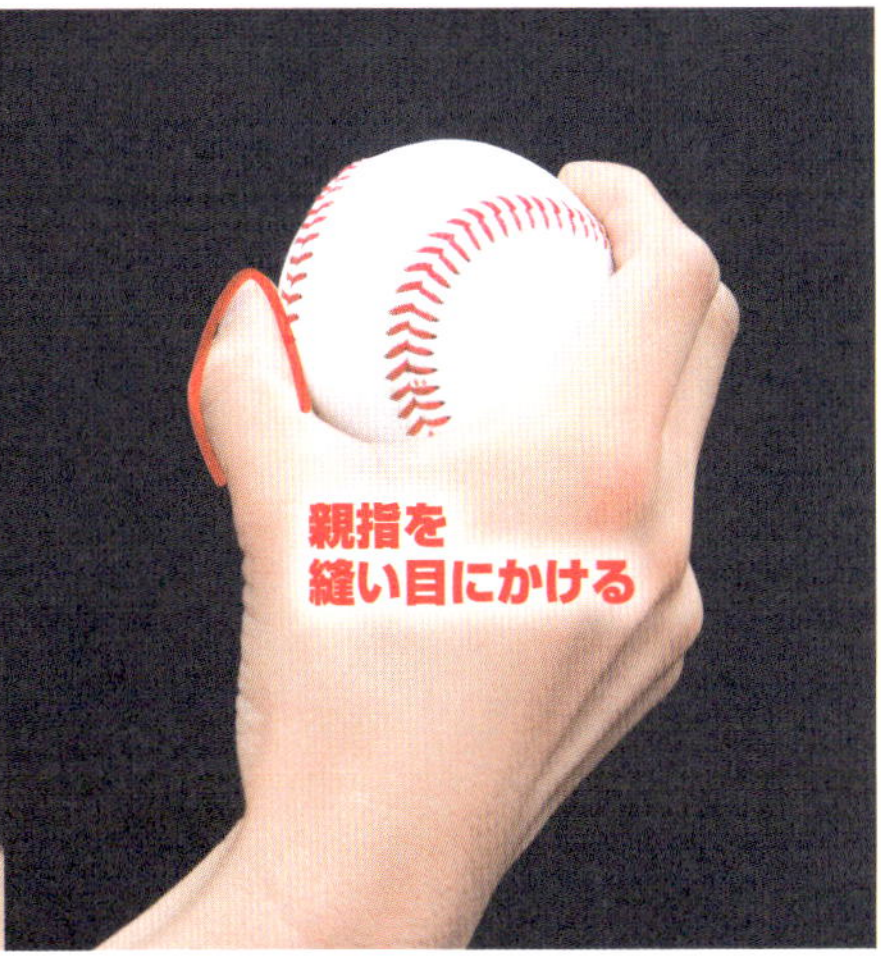

手のひらをボールにつけて深く握り
中指と親指を縫い目にかける

PLAYER'S COMMENT 右投げ・オーバースロー ▶

指を2本かけると山の軌道がうまくできないので、人差し指を浮かせてかるく握っています。中指1本でボールを置いてくるようなイメージで投げています。なるべく浅く握ることがポイントです。

親指も縫い目にかけている。手のひ
らに大きな空間ができている

特殊な握りだが指が長いためボール
をしっかり握れている

スライダーの軌道（右投手）

POINT

打ち取ることも三振も狙える

腕を振る速さや手首の角度を変えることで、速さや変化量を変えられる。

ある程度の球速を保ちながら右から左へと横へ曲がる軌道が一般的

▼スライダー1

多くの投手が武器にする使い勝手の良い変化球

三振も打ち取ることも狙える万能球種

おそらくプロ野球の中で最も多くのピッチャーが投げている変化球が、このスライダーだろう。基本的にスライダーは、利き腕と逆の方に曲がるので、右ピッチャーであれば左に曲がっていく。外に逃げていく軌道だ。しかし、握り方や投げ方次第では、よりストレートに近い速度でわずかに曲がり芯を外すだけのタイプもあれば、球速は出ないが大きく落ちるように曲がるタイプもある。そのため、投げるピッチャーによって、軌道がさまざまなのがスライダーの特徴とも言える。

試合では、カウントを取る球種としても使えるし、内野ゴロを打たせたり、外角に逃げていく軌道で三振を狙うこともできるため、とても使い勝手が良い。

PLAYER'S COMMENT

右投げ・オーバースロー

人差し指と中指を縫い目にしっかりかけて、ちょっとひねって滑らせるイメージです。変化は真横なので、とにかくストレートのように腕を強く振ることを心がけています。

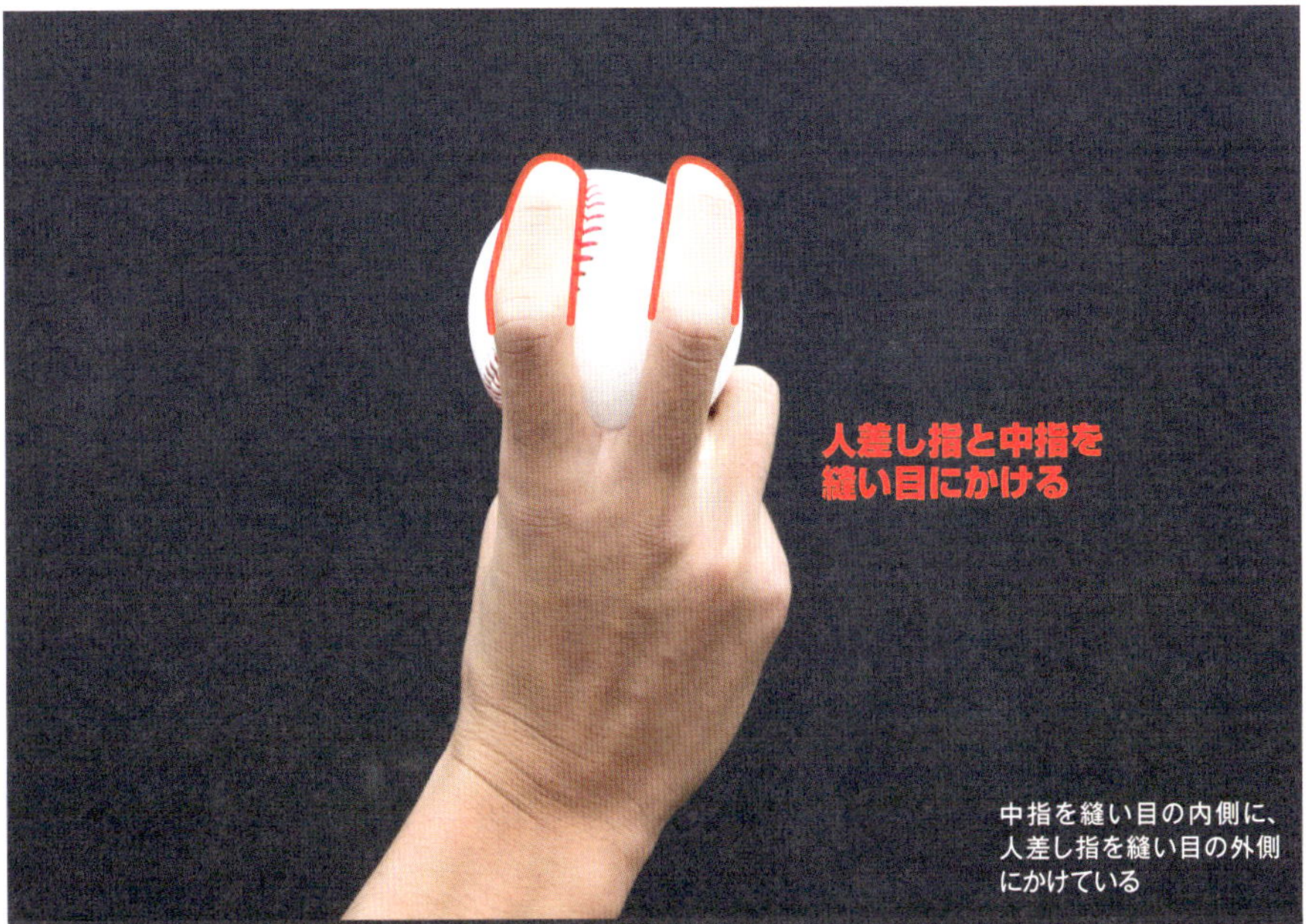

中指を縫い目の内側に、人差し指を縫い目の外側にかけている

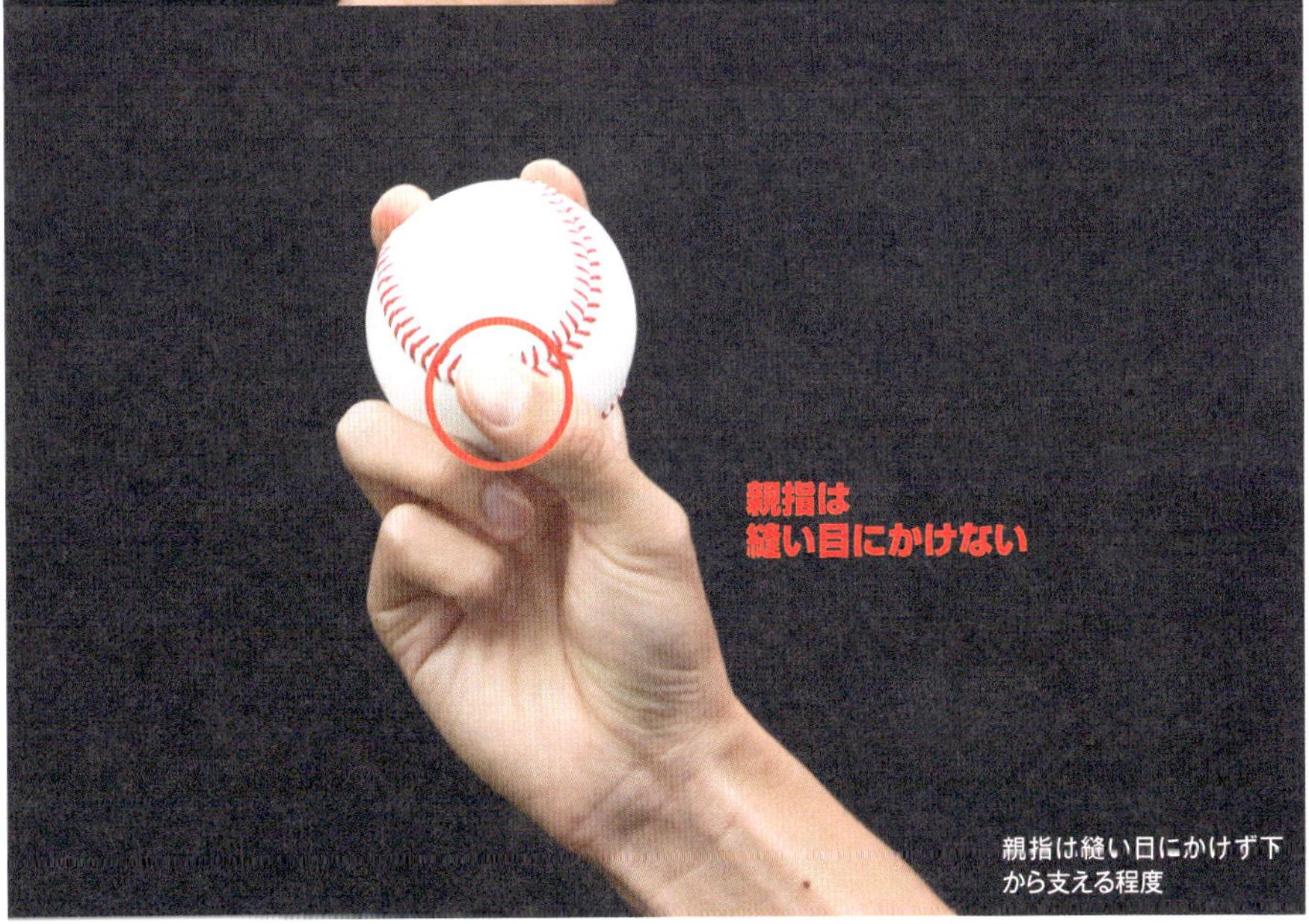

親指は縫い目にかけず下から支える程度

さまざまなスライダーの握り

▼スライダー2

PLAYER'S COMMENT 右投げ・オーバースロー ▶

握りはカーブと同じです。カーブは親指と中指を使って抜いていたけど、スライダーはまっすぐに近いイメージで中指で切っていきます。腕も力強く振ることを心がけています。

親指を
縫い目にかける
中指を
縫い目にかける

親指も縫い目にかけている。中指の先端もしっかりかかっている

中指を縫い目の内側にかけて人差し指はとなりに添えるだけ

PLAYER'S COMMENT 左投げ・オーバースロー ▶

中指を縫い目にかけて、まっすぐと同じように振る。中指で切るように。

親指を
縫い目にかける
中指を
縫い目にかける

親指はかるくかけている。中指の先端は縫い目の内側にかかっている

中指と人差し指をくっつけているが縫い目には中指だけをかける

PLAYER'S COMMENT 右投げ・オーバースロー

中指と親指に縫い目がかかるように、手のひらがつくくらいで握ります。切るのではなく、ひねって回転をかけます。腕の振りはストレートよりも速く振ります。そうすることでストレートに近い速さで曲るようになります。

■横スライダー
親指を
縫い目にかける
中指を
縫い目にかける

手のひらでつつむようにボール全体をつかんでいる

中指をボールにつけて縫い目にしっかりとかけている

PLAYER'S COMMENT 右投げ・オーバースロー

中指全部と親指の腹の部分を縫い目にかけます。投げるときにしっかりと引くイメージです。この握りであれば普通に投げても回転はかかりますが、より回転をかけるために引きます。回転を多くかけないと速いスピードで落ちません。

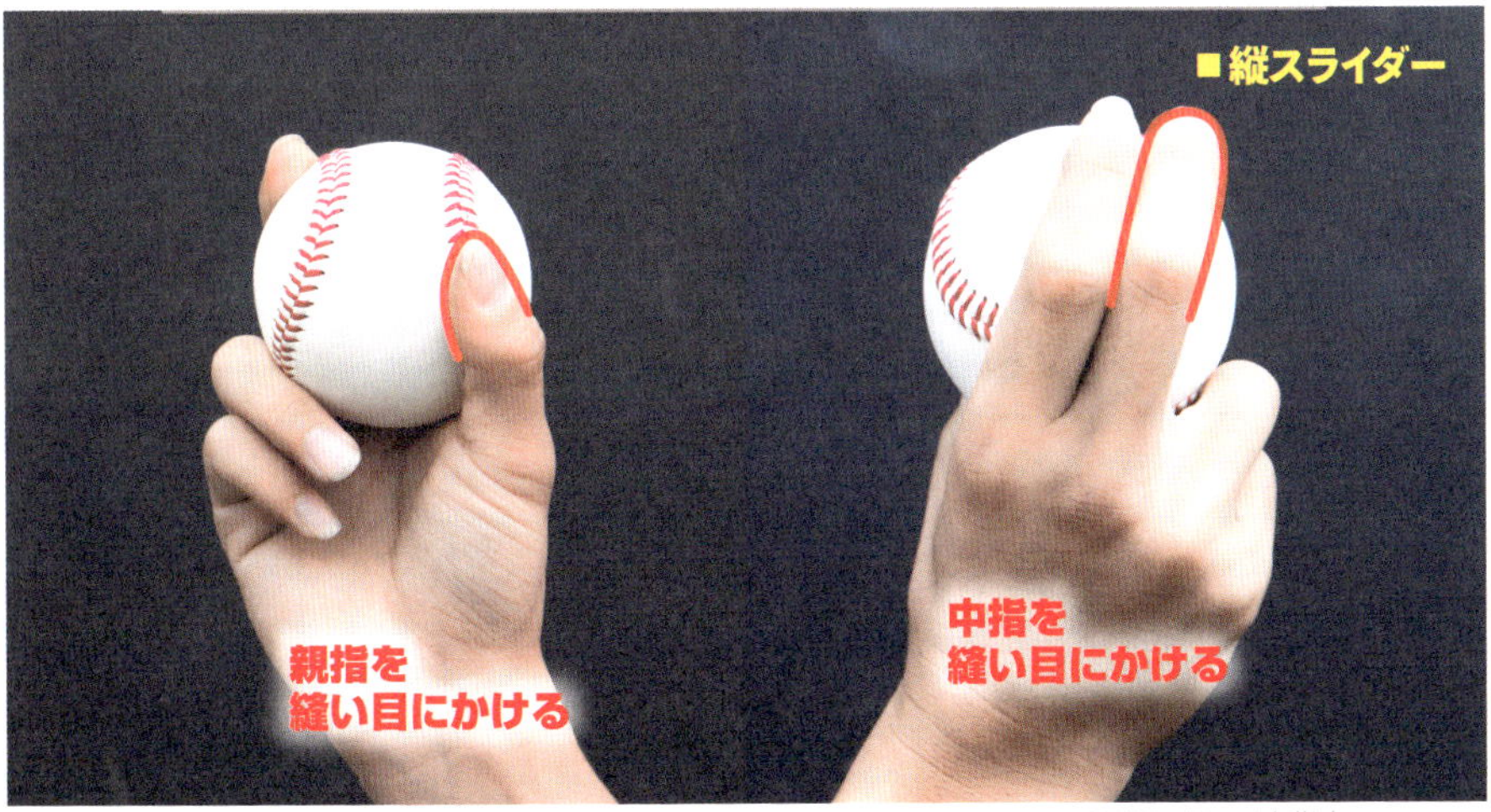
■縦スライダー
親指を
縫い目にかける
中指を
縫い目にかける

親指の腹も縫い目にしっかりとかかっている

「U」の縫い目を縦に使って中指全体を縫い目にかけている

ツーシームの軌道（右投手）

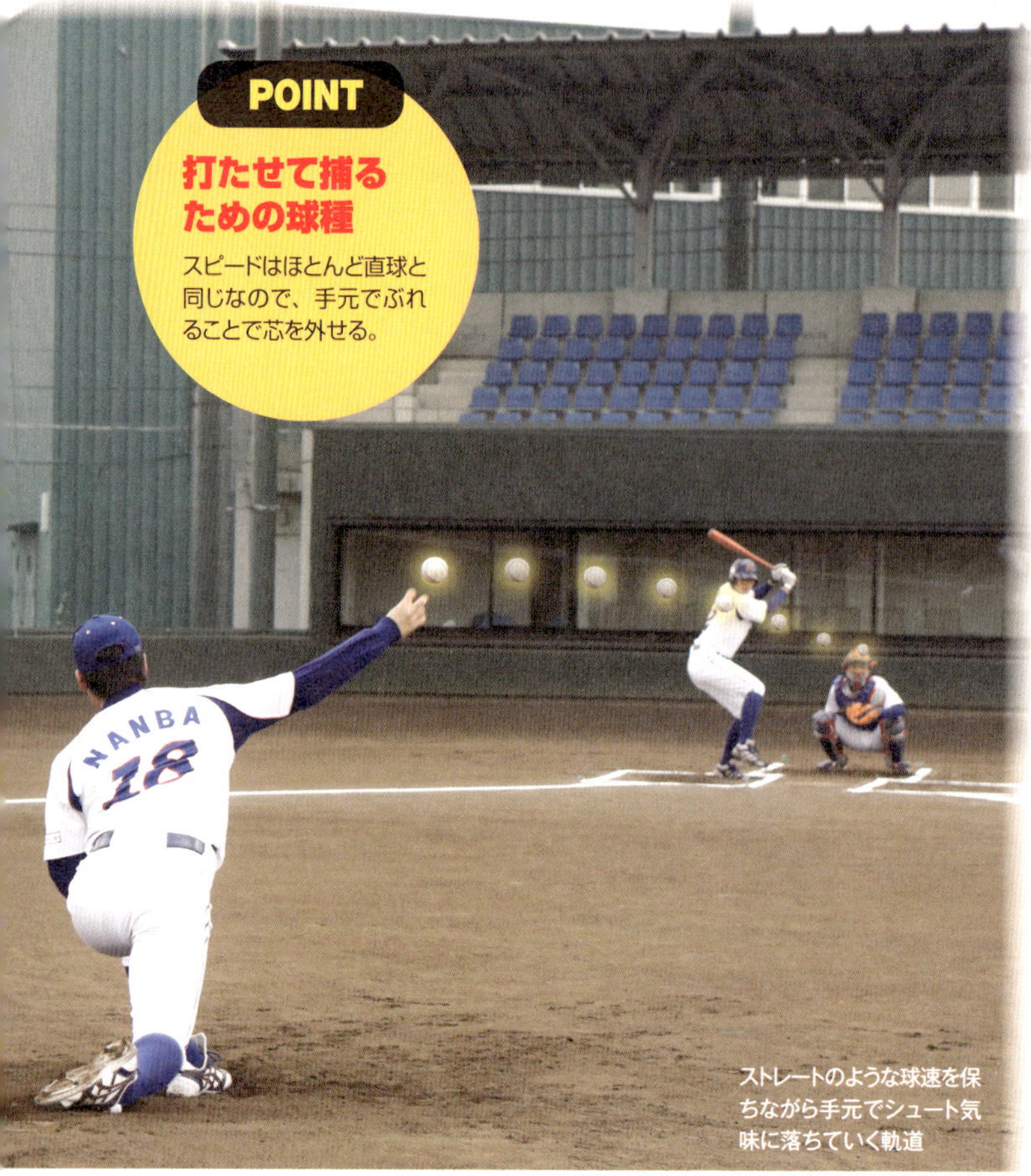

POINT

打たせて捕るための球種

スピードはほとんど直球と同じなので、手元でぶれることで芯を外せる。

ストレートのような球速を保ちながら手元でシュート気味に落ちていく軌道

▼ツーシーム1
手元でブレて芯を外す打たせて取る球種

メジャーリーグでポピュラーな球種

一昔前であれば日本の野球ではあまり聞くことのなかった球種だが、メジャーリーグを目にする機会が増えた昨今、日本の野球にも浸透してきた。

一般的には、フォーシーム（一般的なストレート）に対してのツーシームというように、あくまでもストレートという枠の中で区別されることが多く、メジャーではこちらが一般的。日本ではまっすぐ伸びるようなストレートが良しとされているが、腕力のあるメジャーでは速いだけのストレートでは打たれてしまうため、芯を外すことのできるツーシームが重宝されている。球速は一般的なストレートとほとんど変わらず、手元でわずかにシュート気味に落ちる軌道のため、内野ゴロを打たせやすい。

PLAYER'S COMMENT

右投げ・オーバースロー ▶

ストレートと同じように離すので、右側に沈むような軌道になってほしいのでボールを少し斜めにして縫い目に指をかけます。最後に人差し指が残るイメージなのでシュートに近い感覚です。

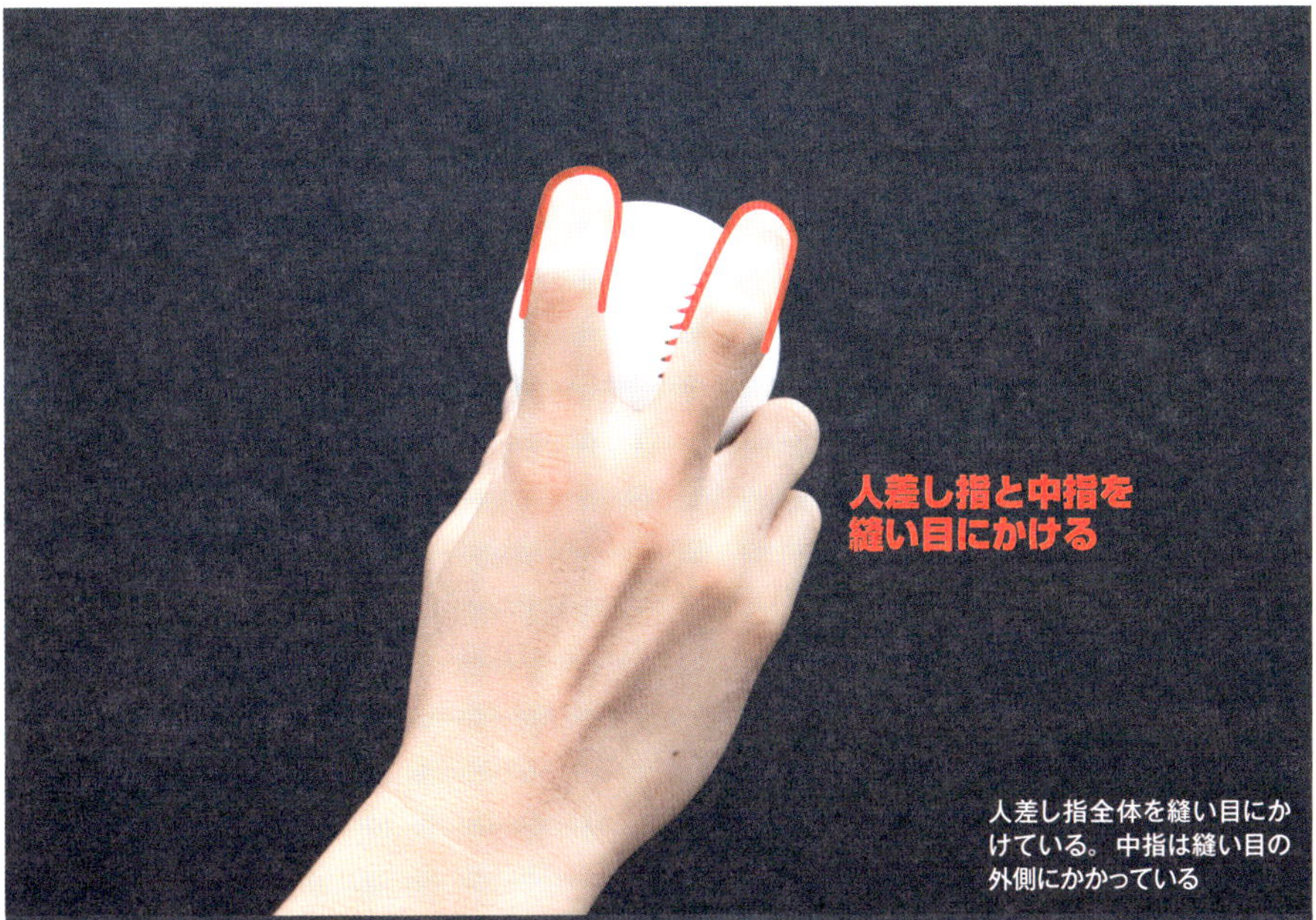

人差し指全体を縫い目にかけている。中指は縫い目の外側にかかっている

伸ばした親指と曲げた薬指でボールを下から支えている

さまざまなツーシームの握り

▼ツーシーム2

PLAYER'S COMMENT

左投げ・オーバースロー ▶

リリースのときに少しだけ手首を右側に傾けて、シュート回転気味にリリースします。窓を拭くようなイメージです。腕の振りはまっすぐと同じようになることを心がけて、縫い目には指をかけません。

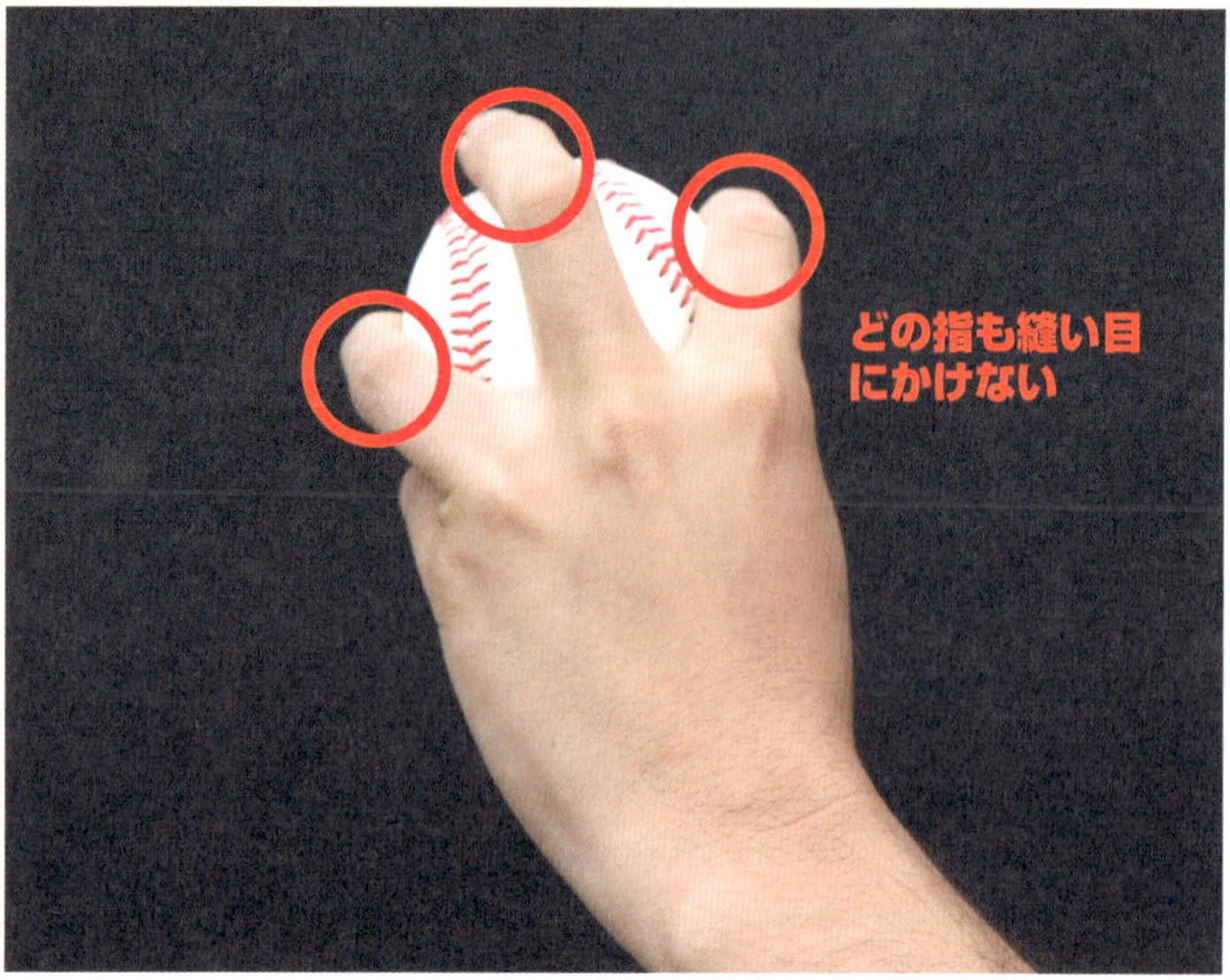
どの指も縫い目にかけない

縫い目を避けるように3本の指がそれぞれボール表面に触れている

親指と小指で支える

親指と子指が下からボールを支えているが、どの指も縫い目にはかかっていない

PLAYER'S COMMENT 右投げ・オーバースロー

まっすぐと同じように腕を振りますが、少しシュート回転をかけたいので、中指の外側で押せるように縫い目にかけます。

親指はまっすぐ伸ばしてボールの真下を支えている

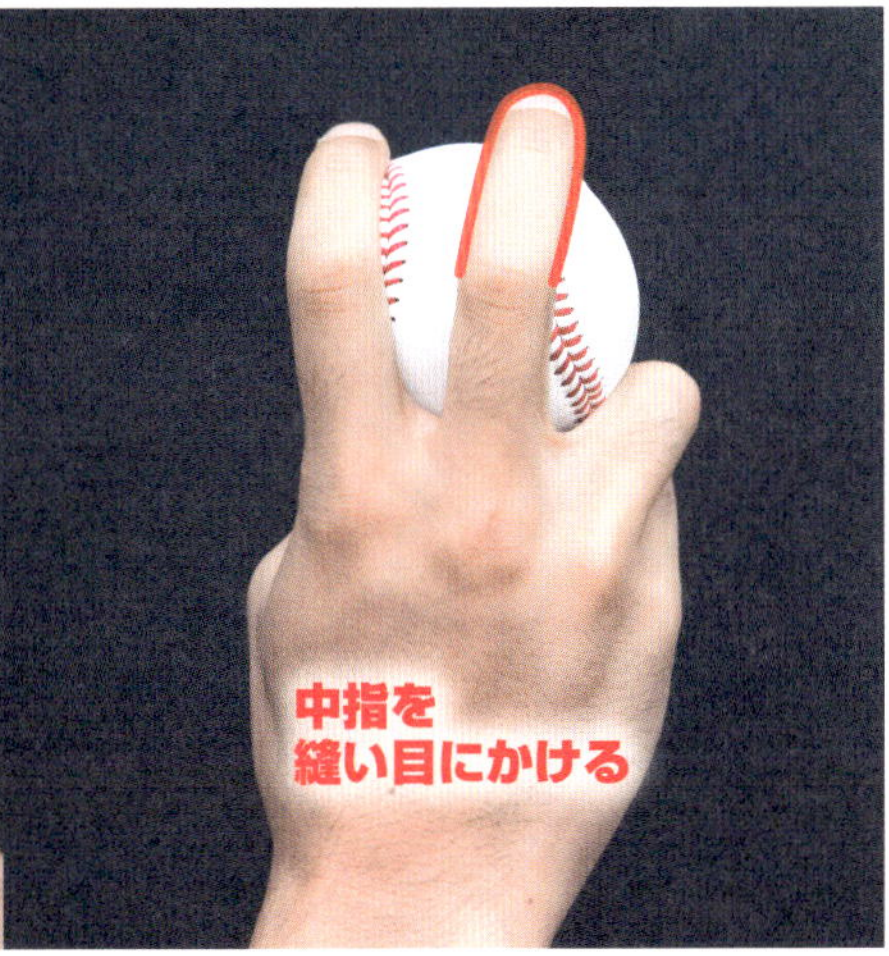

中指を縫い目に乗せて、人差し指は縫い目の外側に添えている

PLAYER'S COMMENT 右投げ・オーバースロー

縫い目に指をかけずに、人差し指、中指、親指を全部立たせます。腕の振りはストレートと同じです。慣れるまではコントロールが難しいですが、今では一番ストライクが取れるボールです。

親指も関節を曲げて指先でボールを支えている

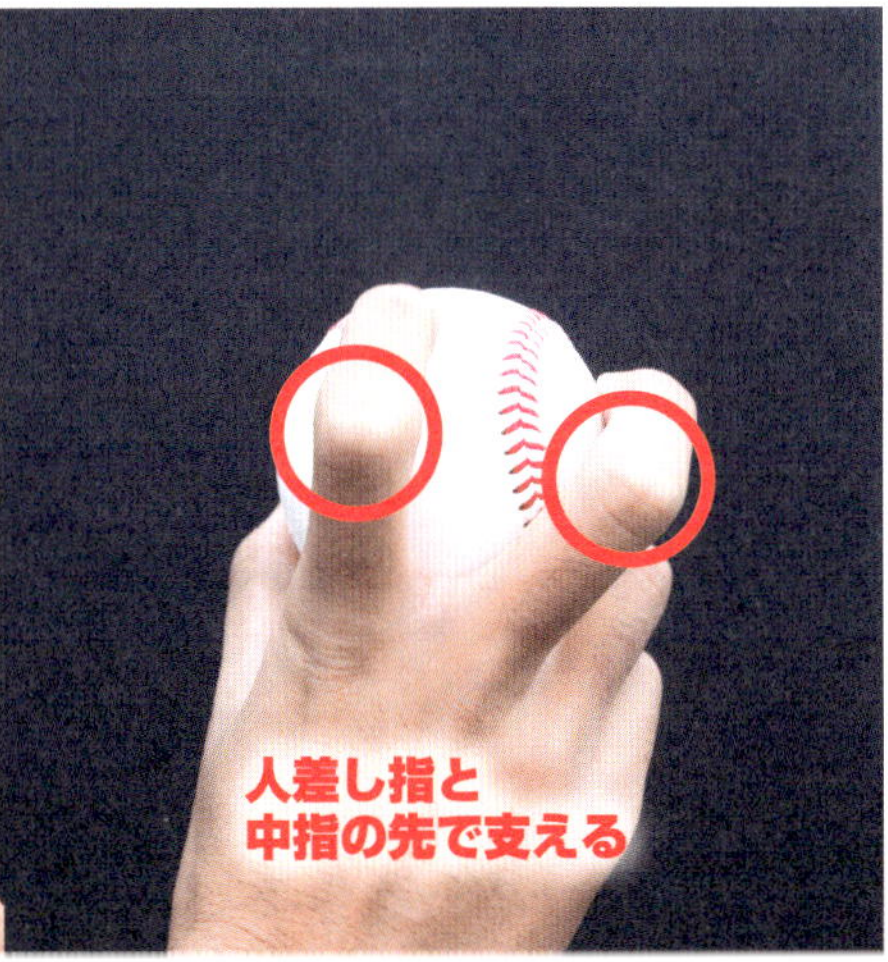

人差し指と中指は第二関節を曲げて指先でボールを抑えている

フォーク・スプリットの軌道（右投手）

POINT

決め球として重宝する球種

ボールの回転が少ないほどストンと落ちるように見え、空振りを狙える。

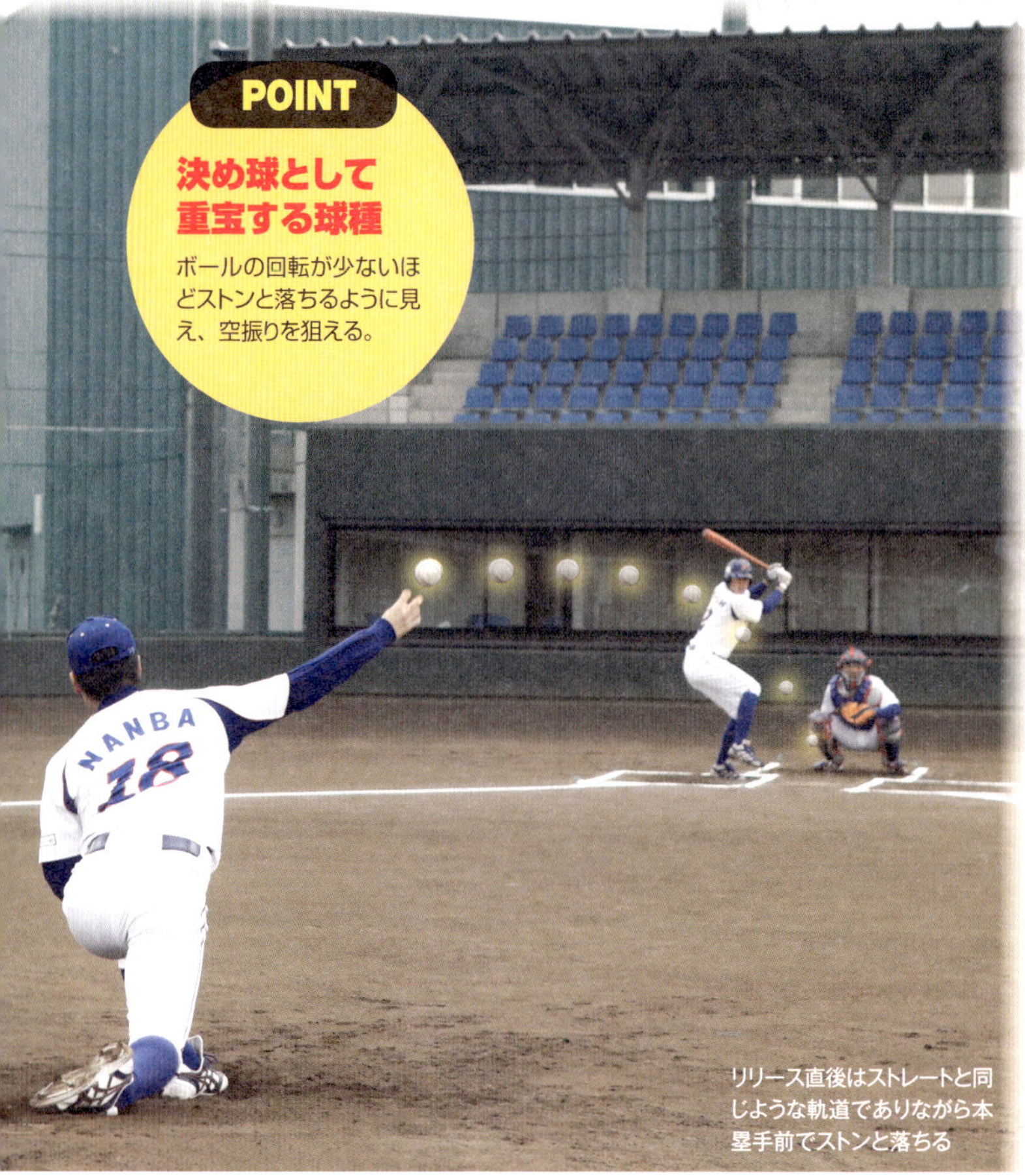

リリース直後はストレートと同じような軌道でありながら本塁手前でストンと落ちる

▼フォーク・スプリット1

ストレートと思わせて手元でストンと落ちるように見える

習得難易度は高いが磨けば武器になる

速いストレートと一流のフォークがあれば、それだけで大きな武器になる。しかし、それだけに習得が難しい。握りは独特で人差し指と中指でボールを挟む。この握りはある程度指が長くなければできないので、誰にでも投げられるものではない。無理して投げてもコントロールが定まらず、高めに抜ければバッターの打ちごろになる。理想はストレートと同じ軌道でありながら、ホームベース手前で落ちる軌道。ボールに回転がないほどストンと急激に落ちるように見える。また、2本の指をフォークより浅く握るスプリットは、フォークよりも球速が出て、落差が少ない。フォークのように深く握れない人はスプリットを試してみよう。

PLAYER'S COMMENT 右投げ・オーバースロー ▶

縫い目に指をかけずに深く握ります。ストレートと同じような腕の振りで力強く振ります。

どの指も縫い目
にかけない

中指と人差し指を縫い目にかけずボールを挟むオーソドックスな握り

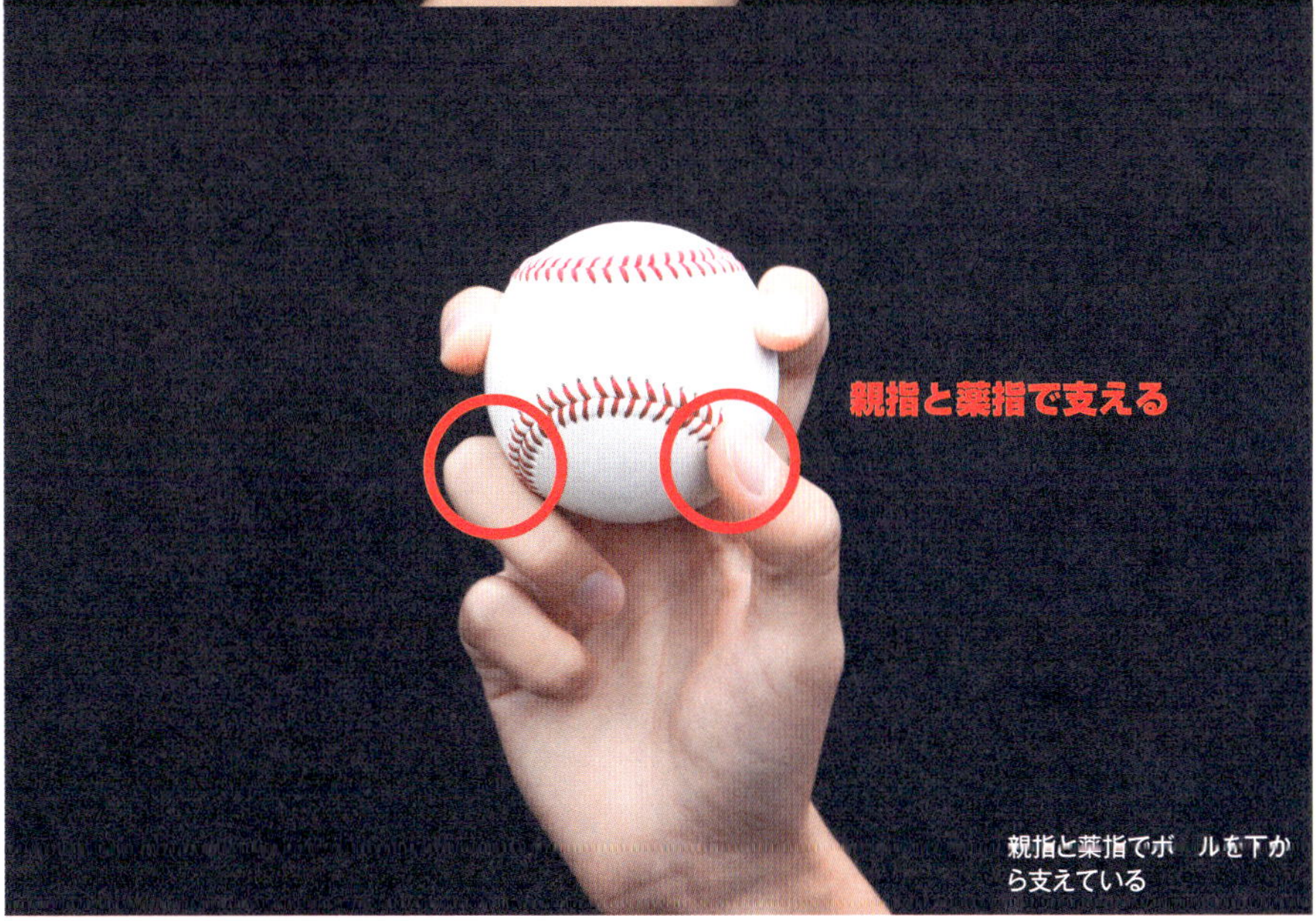
親指と薬指で支える

親指と薬指でボ ルを下から支えている

▼フォーク・スプリット2

さまざまなフォーク・スプリットの握り

PLAYER'S COMMENT 右投げ・オーバースロー ▸

ボールが抜けないように人差し指と中指でしっかり挟みます。指先は縫い目にかけます。

中指を縫い目にかける

「逆C」の部分に中指をかけてしっかりと挟んでいる

人差し指の先を縫い目にかける

人差し指の横も縫い目にかかり、曲げた親指が下から支えている

PLAYER'S COMMENT 右投げ・オーバースロー ▶

スプリットなのでフォークよりも浅く握ります。人差し指、中指、親指、薬指で支えるイメージです。振りはストレートと同じように振りますが、抜けないように押さえ込んで投げます。指は縫い目の外側のくぼみにかけています。

伸ばした親指と曲げた薬指で下から縫い目辺りを支えている

人差し指と中指を縫い目の外側のくぼみにかけている

PLAYER'S COMMENT 左投げ・オーバースロー ▶

そのまま投げるとスライダー気味になってしまう腕の振りなので、意識的にツーシームに近い投げ方をします。手首を右側に傾けて、窓を拭くような動きでシュート回転気味に投げます。

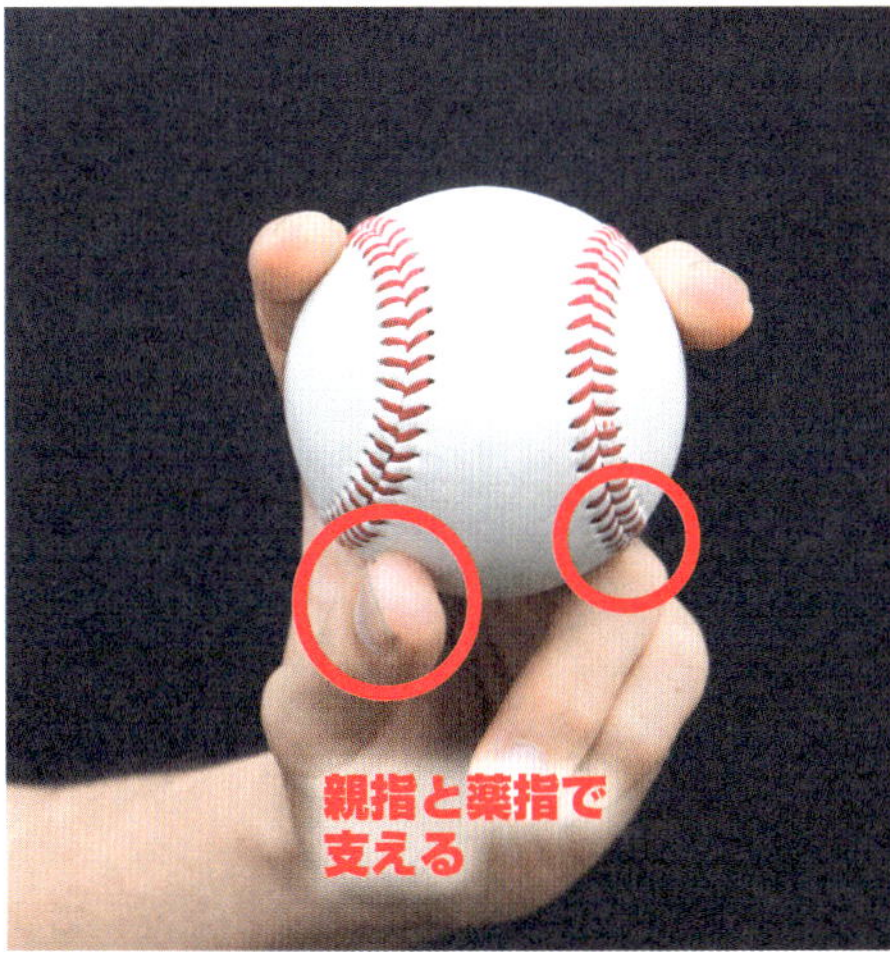

縫い目の内側のボール中心付近を親指と薬指で下から支えている

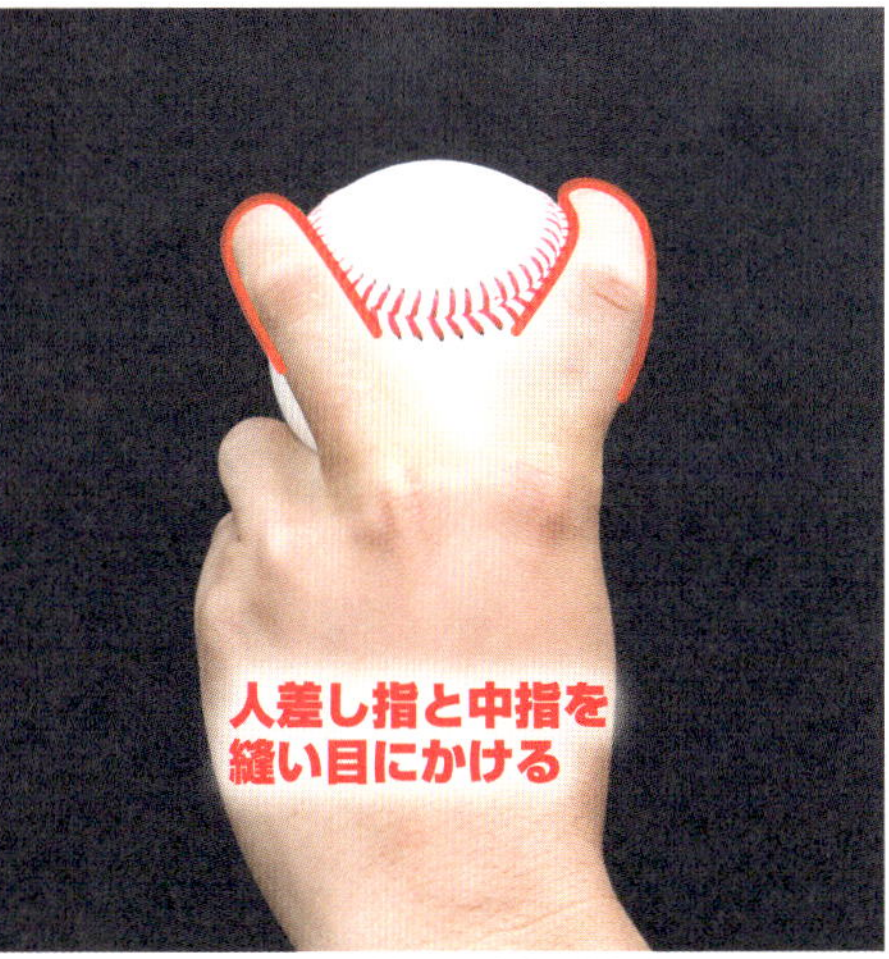

縫い目の外側半分に人差し指と中指をかけて挟んでいる

チェンジアップの軌道（右投手）

POINT

直球との緩急差で打ち取れる

ストレートと同じ腕の振りだが、球速が遅いので緩急差で打ち取れる。

ストレートと同じように強く腕を振るにもかかわらず回転の少ない手元で沈む軌道になる

▼チェンジアップ1

ストレートと同じ腕の振りから緩急差でタイミングを外す

ストレートを織り交ぜ緩急で打ち取る

チェンジアップはストレートとまったく同じ腕の振りでありながら、ストレートよりも遅い球で、失速しながら沈んでいく。フォークのように大きく落ちないが、ストレートとの緩急差で十分打ち取ることができ、さらに磨けば、三振が取れるほど大きな武器になる可能性を秘めた球種ともいえる。

しかし、カーブと同様にバッターに見切られた場合は、球速も遅いので絶好の打ちごろになってしまう。そのためストレート主体で攻めながら、要所で投げるのがセオリーだ。

握り方は人によってさまざまだが、手の平までボールをつけて、しっかり掴むように握るのは共通している。

PLAYER'S COMMENT　左投げ・オーバースロー ▶

ストレートと同じような腕の振りで投げますが、手首を固定してリリースのときに抜くようなイメージです。

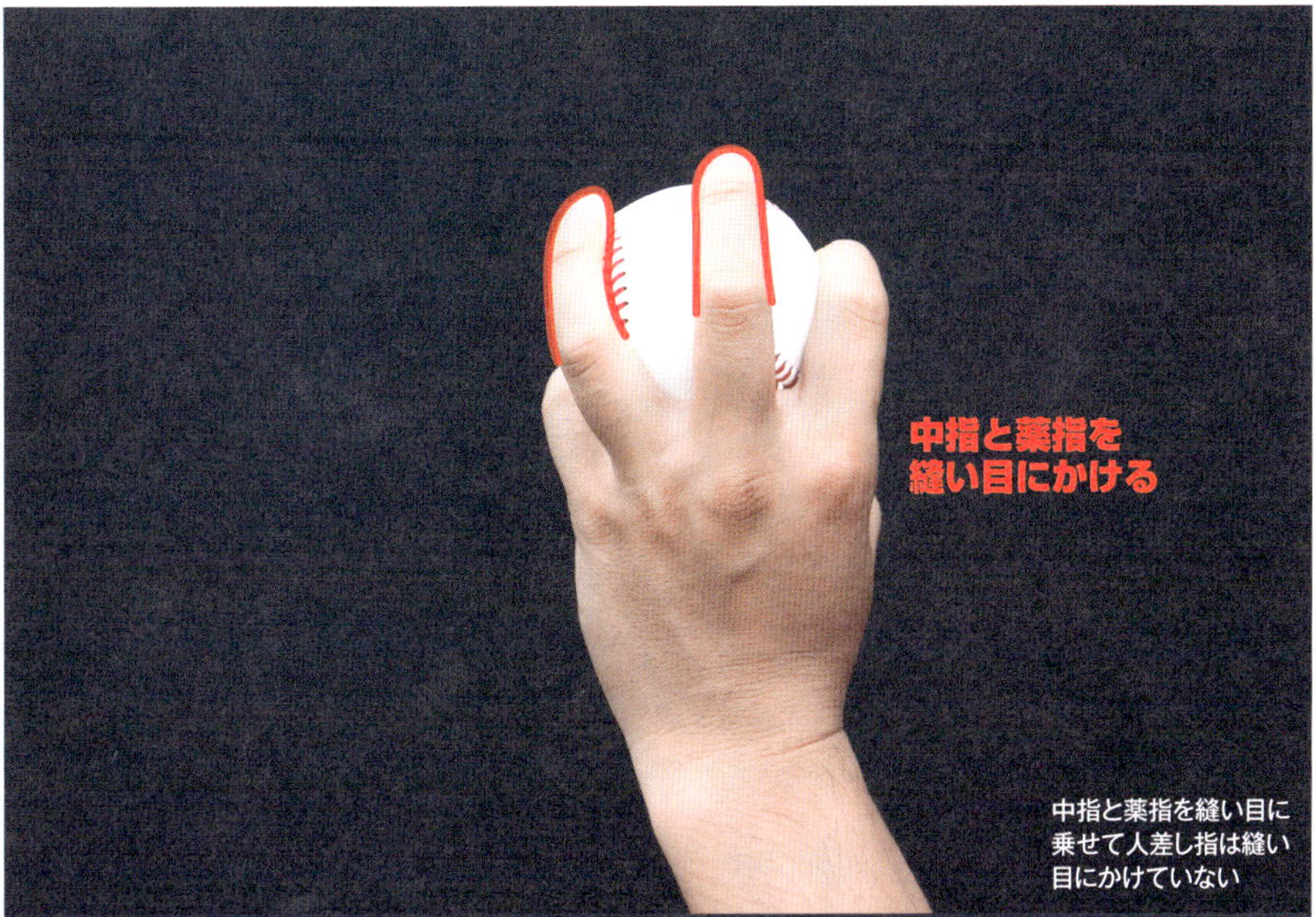
中指と薬指を
縫い目にかける
中指と薬指を縫い目に
乗せて人差し指は縫い
目にかけていない

親指と人差し指で
円をつくる
人差し指と親指の先を
合わせて円をつくるよ
うに握っている

▼チェンジアップ2
さまざまなチェンジアップの握り

PLAYER'S COMMENT 右投げ・オーバースロー ▸

中指と薬指でボールを挟むイメージで握ります。指はしっかりと縫い目にかけます。腕の振りはストレートと同じように力強く振ります。

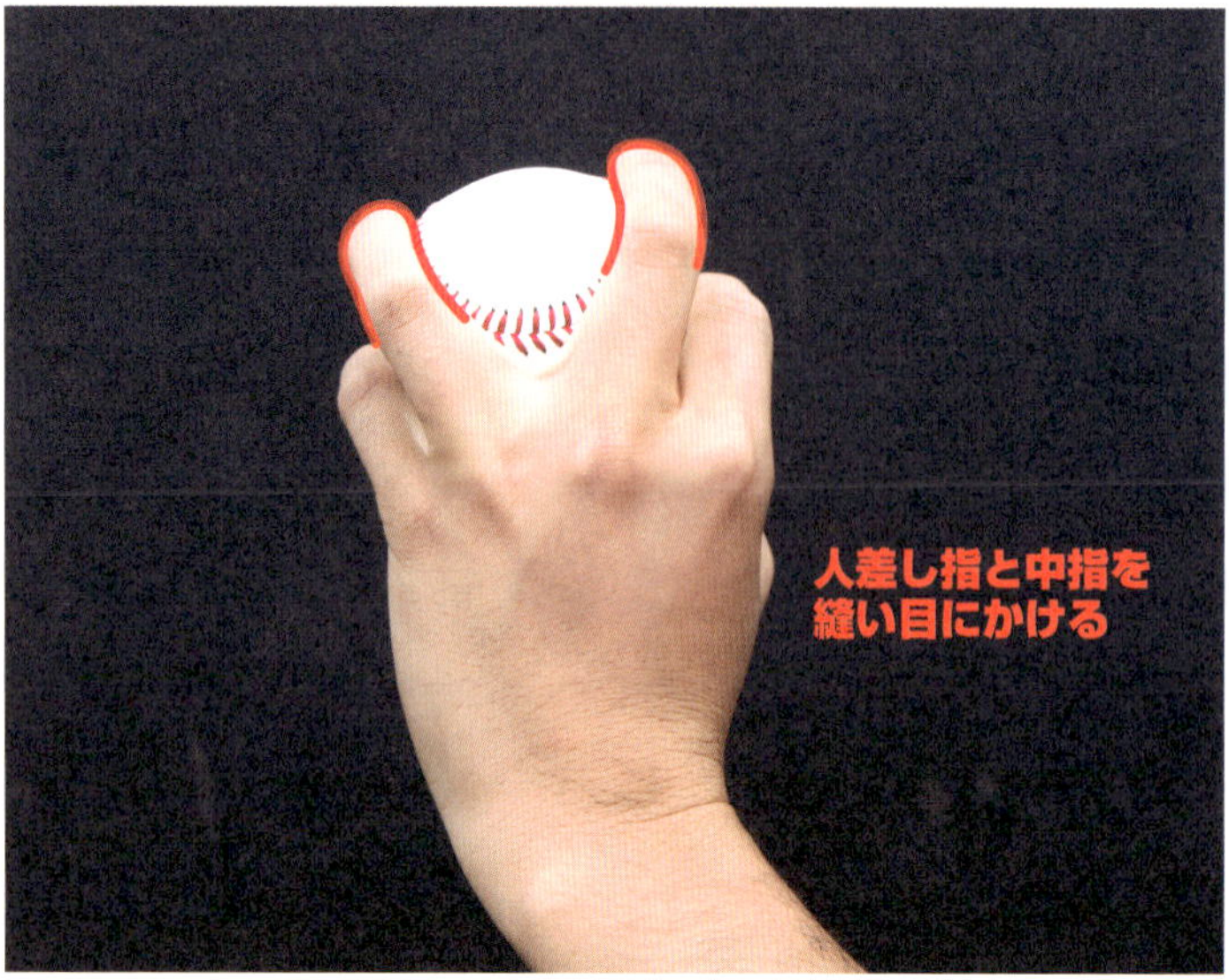

中指と人差し指を縫い目にしっかりとかけて力強く握っている

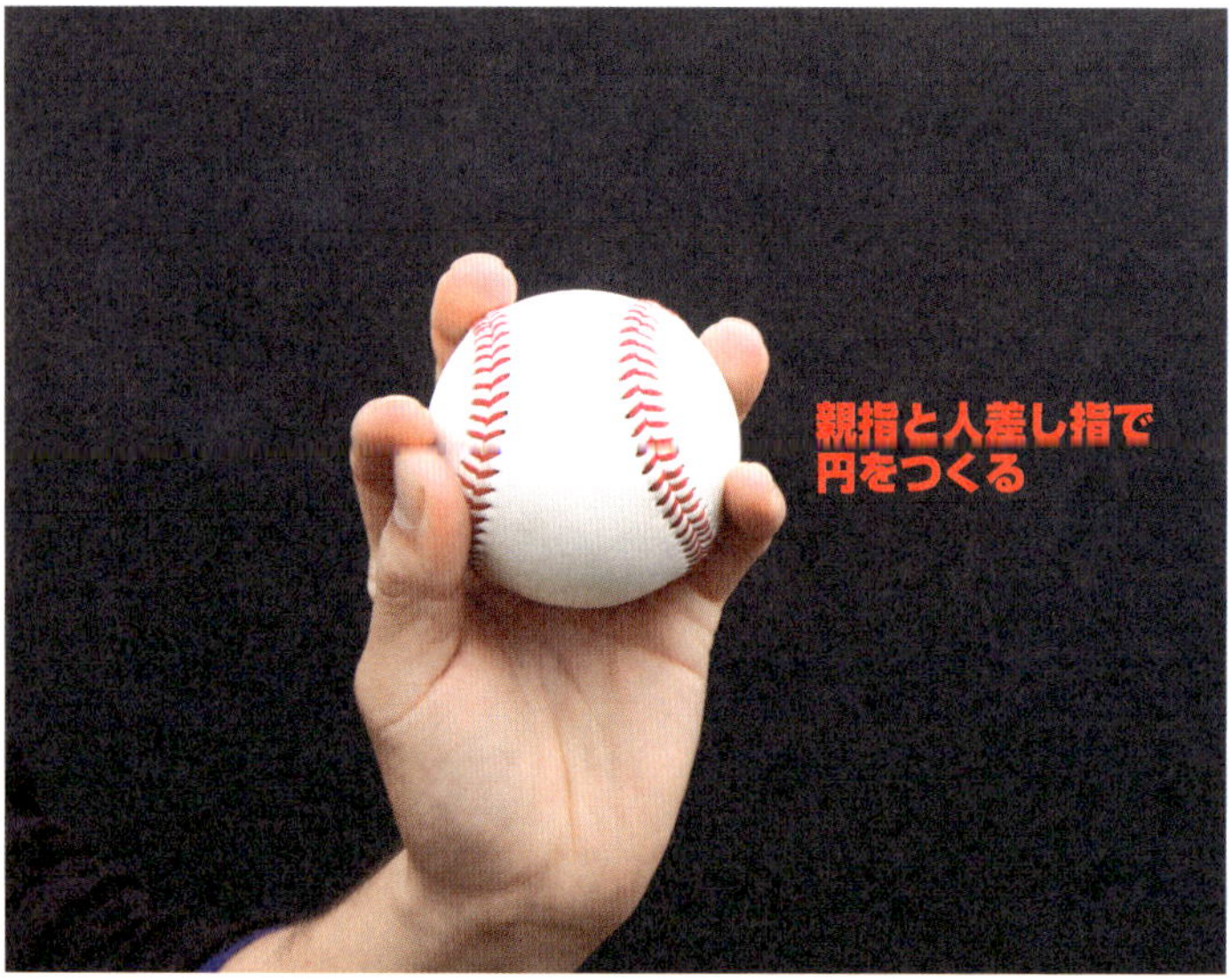

人差し指と親指で円をつくるように握り、子指は横から支えている

PLAYER'S COMMENT

右投げ・オーバースロー ▸

手のひらにボールをつけて小指全部と親指の腹を縫い目にかけます。残り3本は添えるだけです。腕をしっかり振りますが、手の平が上を向かないように抜いて投げます。ダーツを投げるときのようなイメージです。

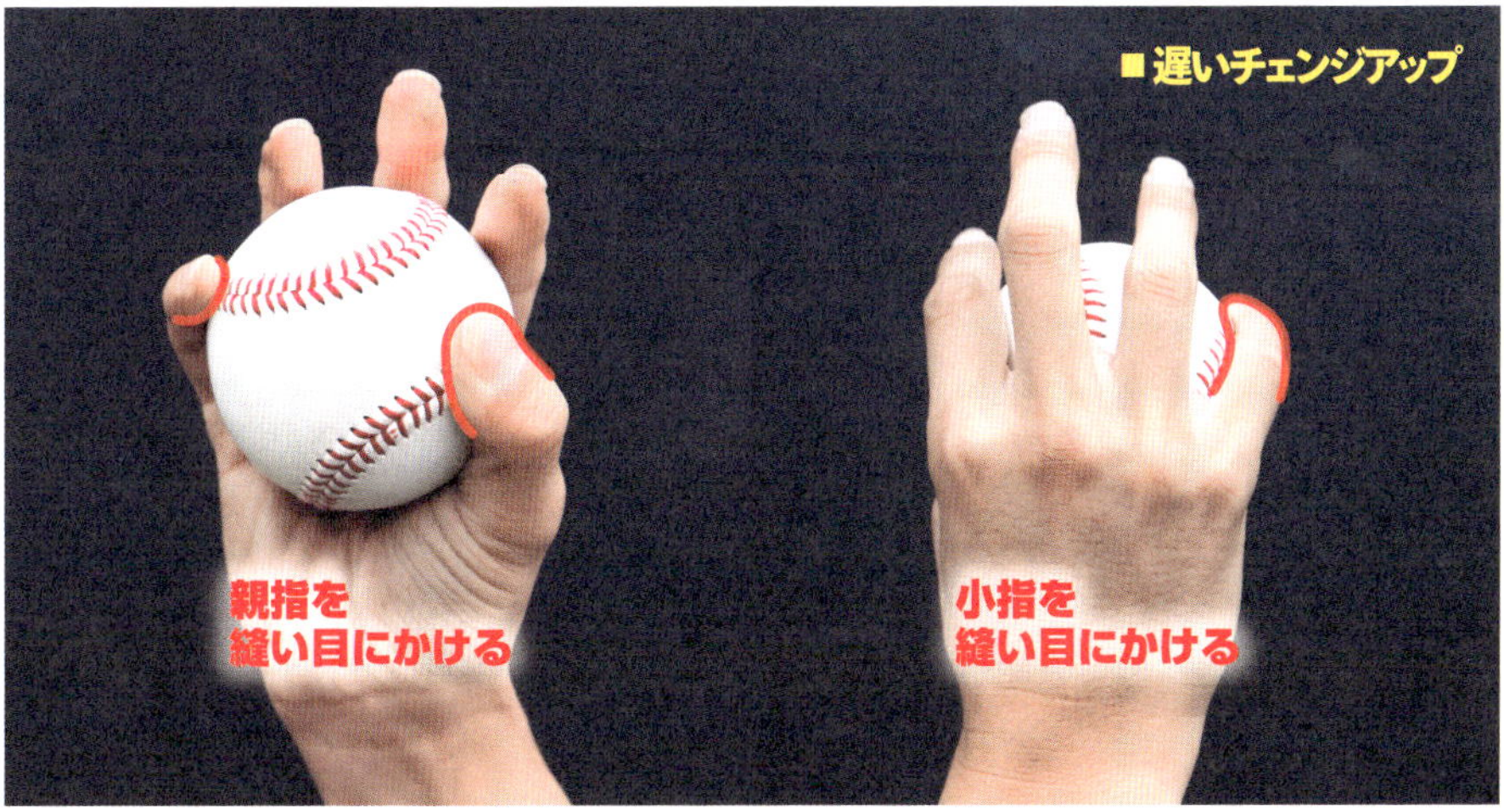
■遅いチェンジアップ
親指を
縫い目にかける
小指を
縫い目にかける

親指と小指でボールを挟むように縫い目にかけている

小指全体を縫い目にかけて人差し指から薬指まではかるく浮かせている

PLAYER'S COMMENT

右投げ・オーバースロー ▸

親指を縫い目にかけ、親指と人差し指で円を作ります。薬指と中指は第二関節が縫い目にまっすぐかかるように。(先端は浮いていて良い)外に逃げていくように投げたいので、腕をしっかり振り小指側から出してあげるように投げます。

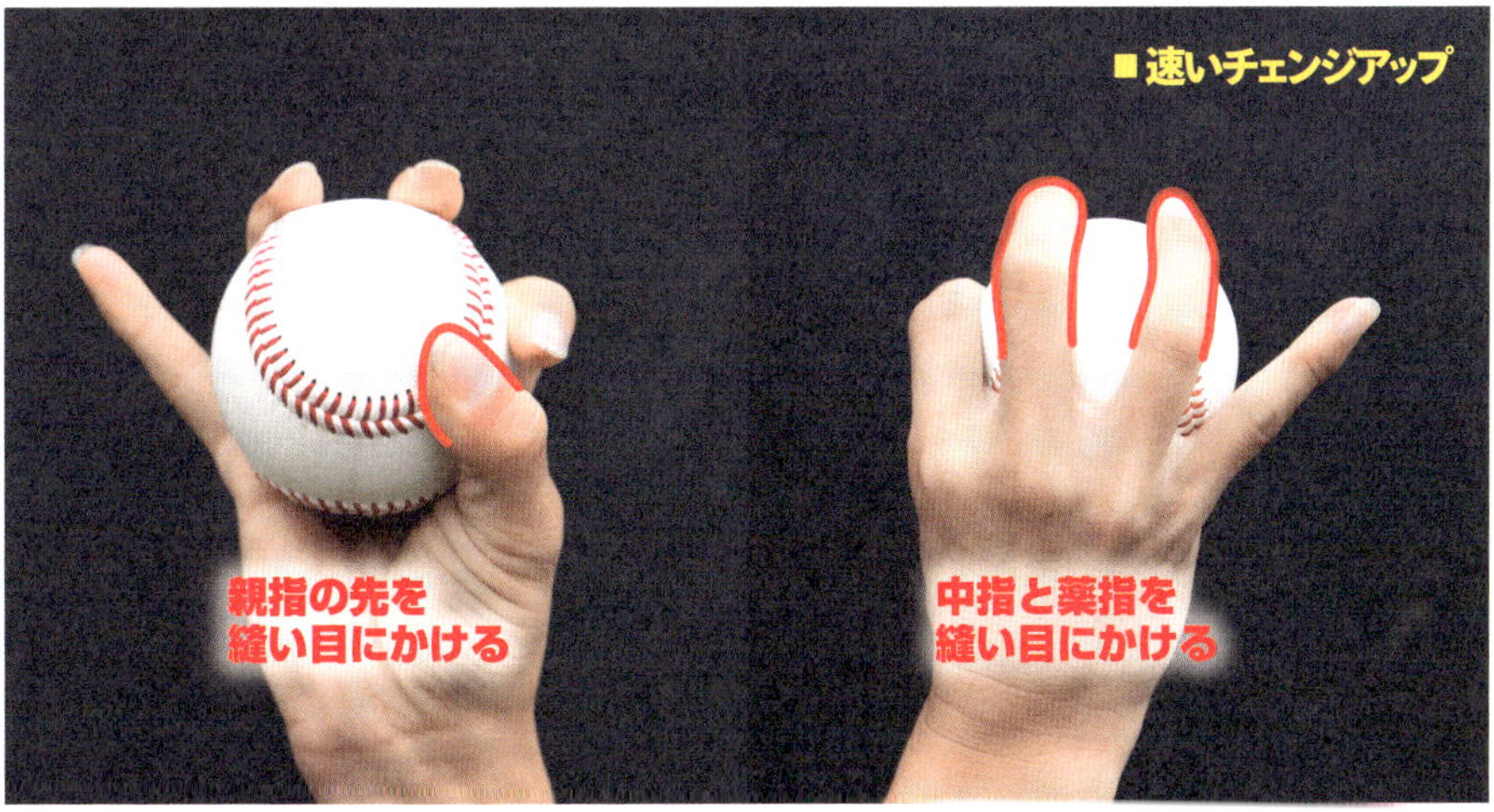
■速いチェンジアップ
親指の先を
縫い目にかける
中指と薬指を
縫い目にかける

親指の先端が縫い目にかかっている。中指と薬指の先は浮いている

小指をまっすぐ立てて中指と薬指を縫い目にかけている

カットボールの軌道（右投手）

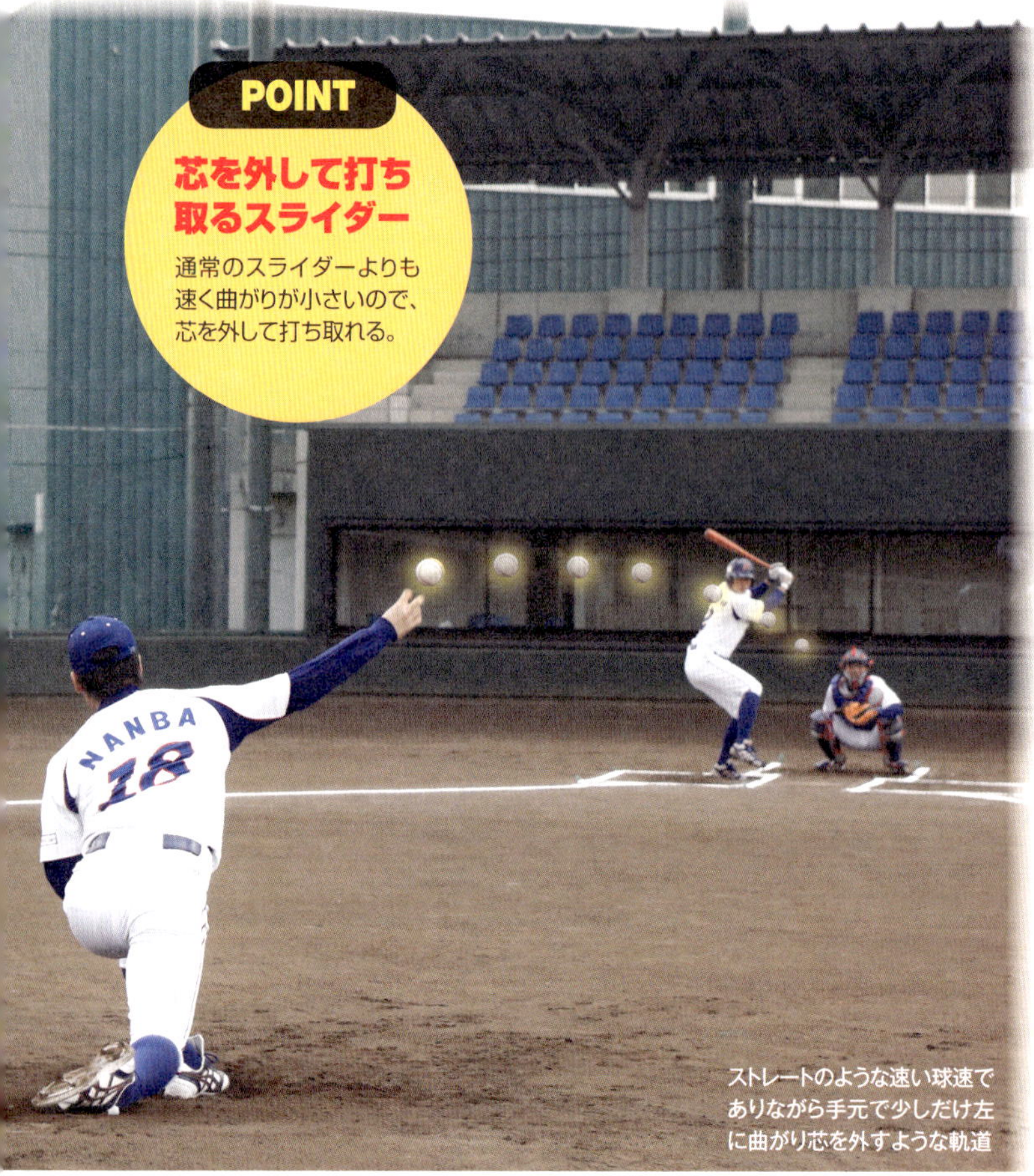

POINT

芯を外して打ち取るスライダー

通常のスライダーよりも速く曲がりが小さいので、芯を外して打ち取れる。

ストレートのような速い球速でありながら手元で少しだけ左に曲がり芯を外すような軌道

▼カットボール

ストレートのような速さで手元で小さく外に曲がる

スライダーより速く曲がりは小さい

球速はストレートに近いが、スライダーのような軌道を描くカットボール。ただしスライダーにくらべると曲がりはわずか。ちょうど、ストレートとスライダーの中間に位置するような変化球だ。試合では決め球ではなく、カウントを取りたいときや、内野ゴロを打たせたいときに使われるのが一般的。バッターにストレートと思わせておきながら、手元で少し曲がりバットの芯を外してゴロを打たせる。カットボールでは変化量を大きくする必要はなく、よりストレートに近い速度で投げることを目標にしたい。握りはストレートと同じ握りでリリース時に切るように投げる人もいれば、スライダーと同じ握りで腕を強く振るだけの人もいる。

PLAYER'S COMMENT

右投げ・オーバースロー

ストレートの握りを斜めにしています。ストレートと同じリリースですが、ボールを斜めにしているので中指と人差し指で切るように投げると曲がります。

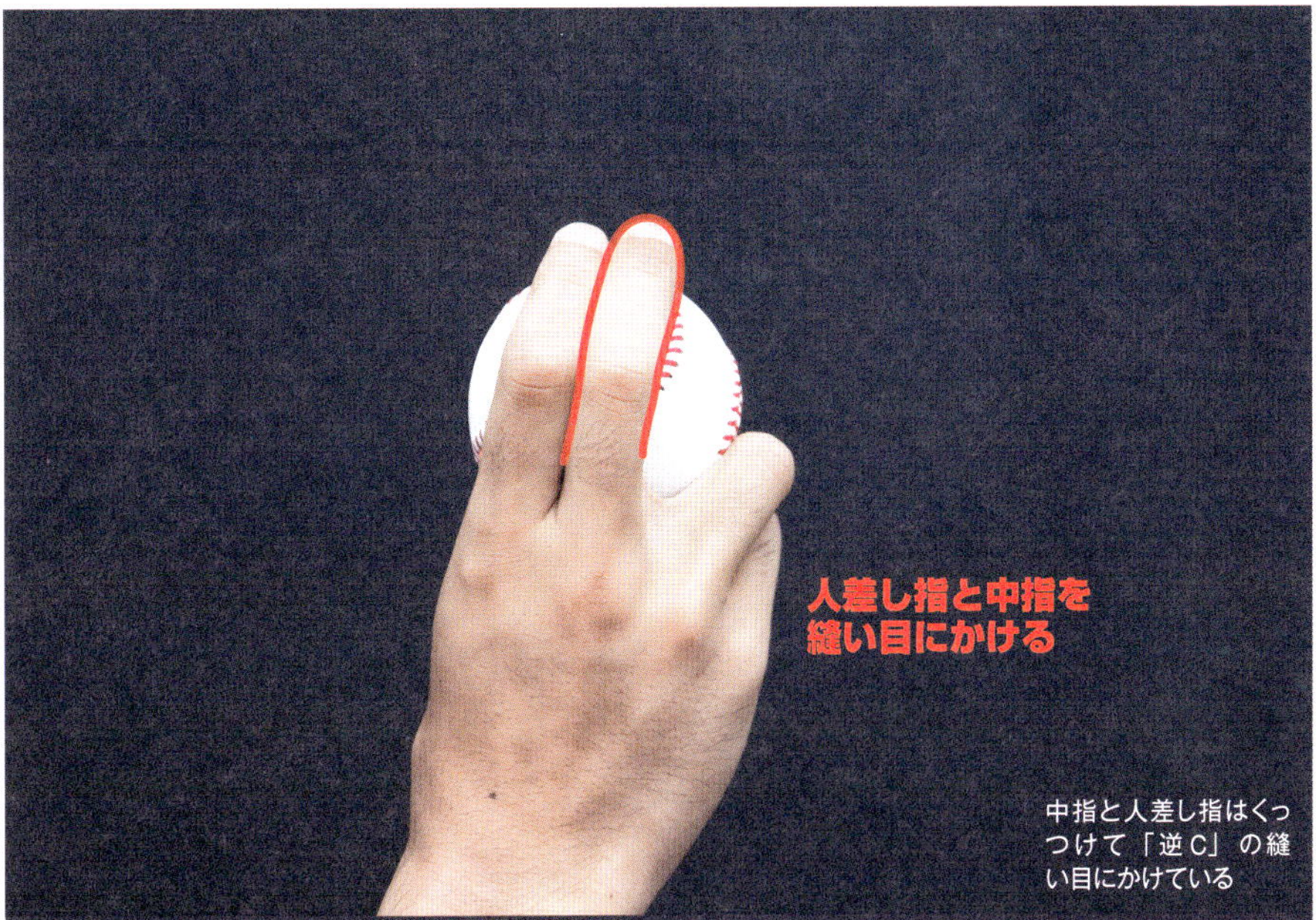

中指と人差し指はくっつけて「逆C」の縫い目にかけている

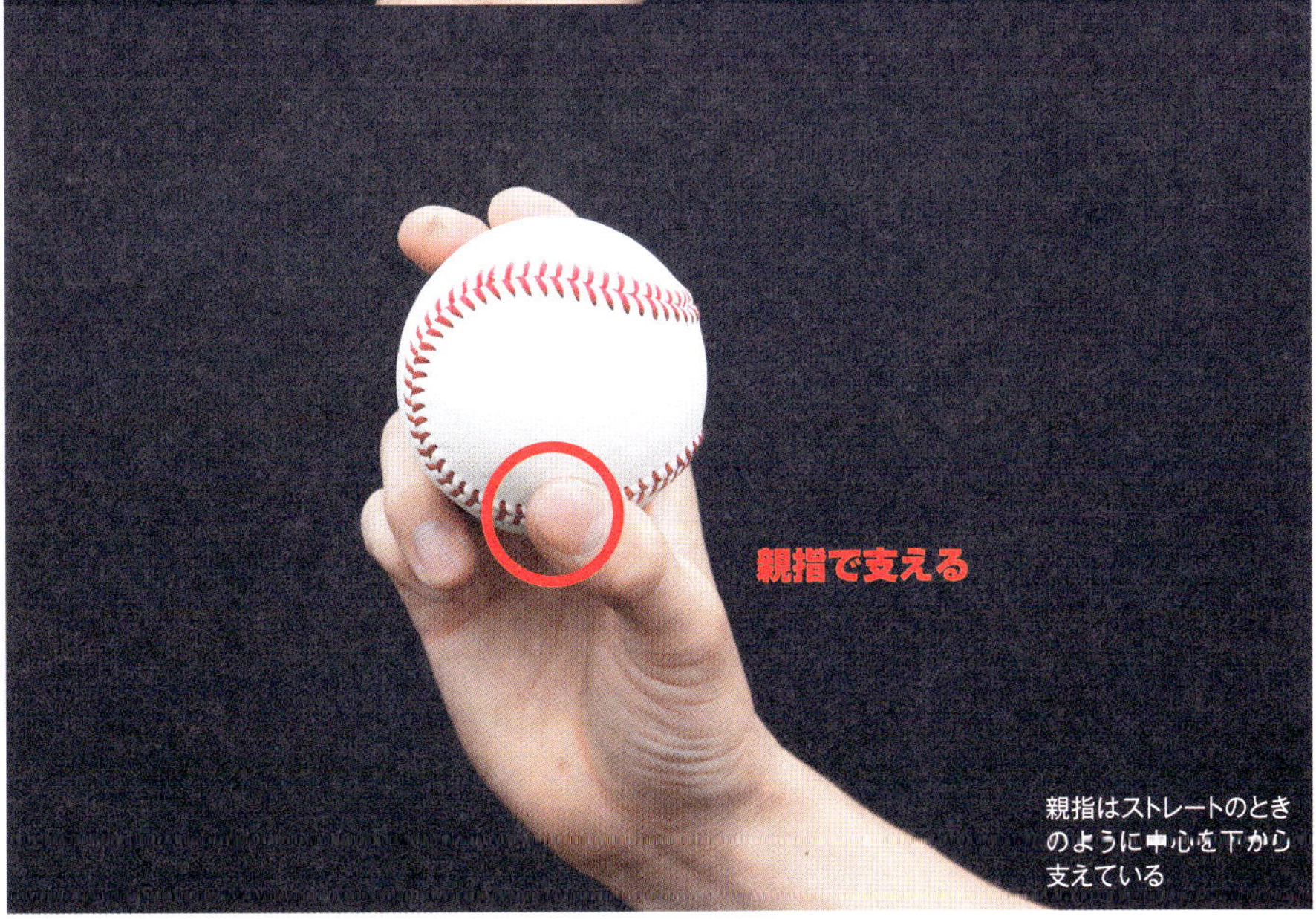

親指はストレートのときのように中心を下から支えている

シュートの軌道（右投手）

▼シュート

右打者の手元に食い込む打ち取らせるための球種

POINT

インコースを詰まらせる

右バッターの手元に曲がっていくので、詰まらせて打ち取れる球種だ。

ストレートに近い球速でありながら手元で右側に曲がる軌道を描く

内側に食い込み内野ゴロを打たせる

右ピッチャーであれば、右バッターの内側に食い込む軌道になる。76ページで紹介したツーシームも内側に食い込むが、ツーシームのように沈み込むことはなく手元に曲がるだけ。

試合では三振を取りにいくよりも、詰まらせて内野ゴロを取りたいときに使われることが多い。しかし、バッターの手元に向かっていくので、相手にぶつけることを恐れていると、真ん中に入りやすく打ちごろになってしまう。投げるときは恐れずにインコースをつく度胸を持ち合わせておく必要がある。

またスライダーも投げるピッチャーであれば、バッターに食い込む軌道と逃げていく軌道とを使い分けることができるので、とても大きな武器になる。

PLAYER'S COMMENT　左投げ・スリークウォーター ▶

人差し指と中指を縫い目にかけるツーシームに近い握りです。腕の振りはストレートと同じように力強く振るように心がけています。スリークォーターなのでシュート回転がかかりやすいです。

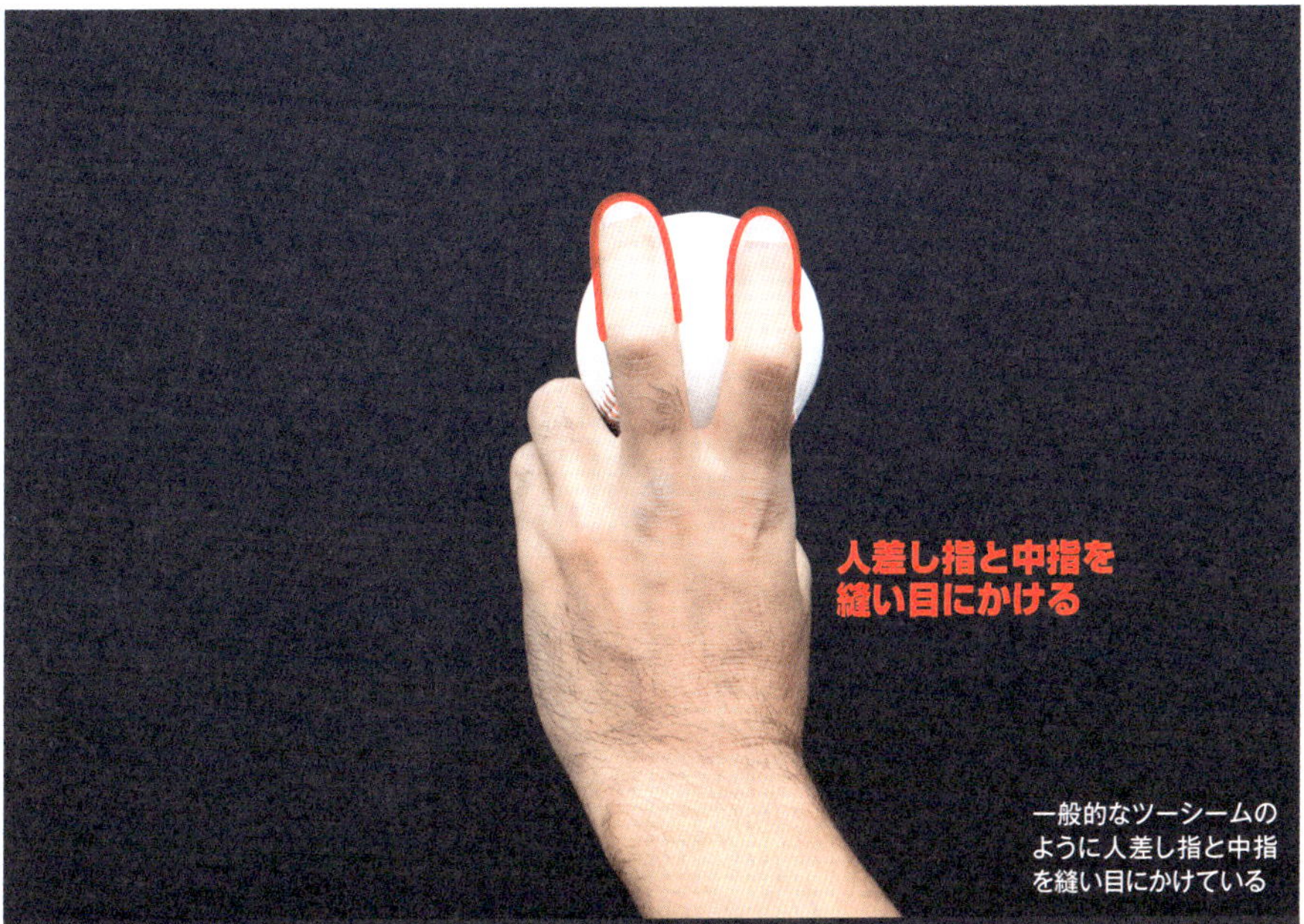

一般的なツーシームのように人差し指と中指を縫い目にかけている

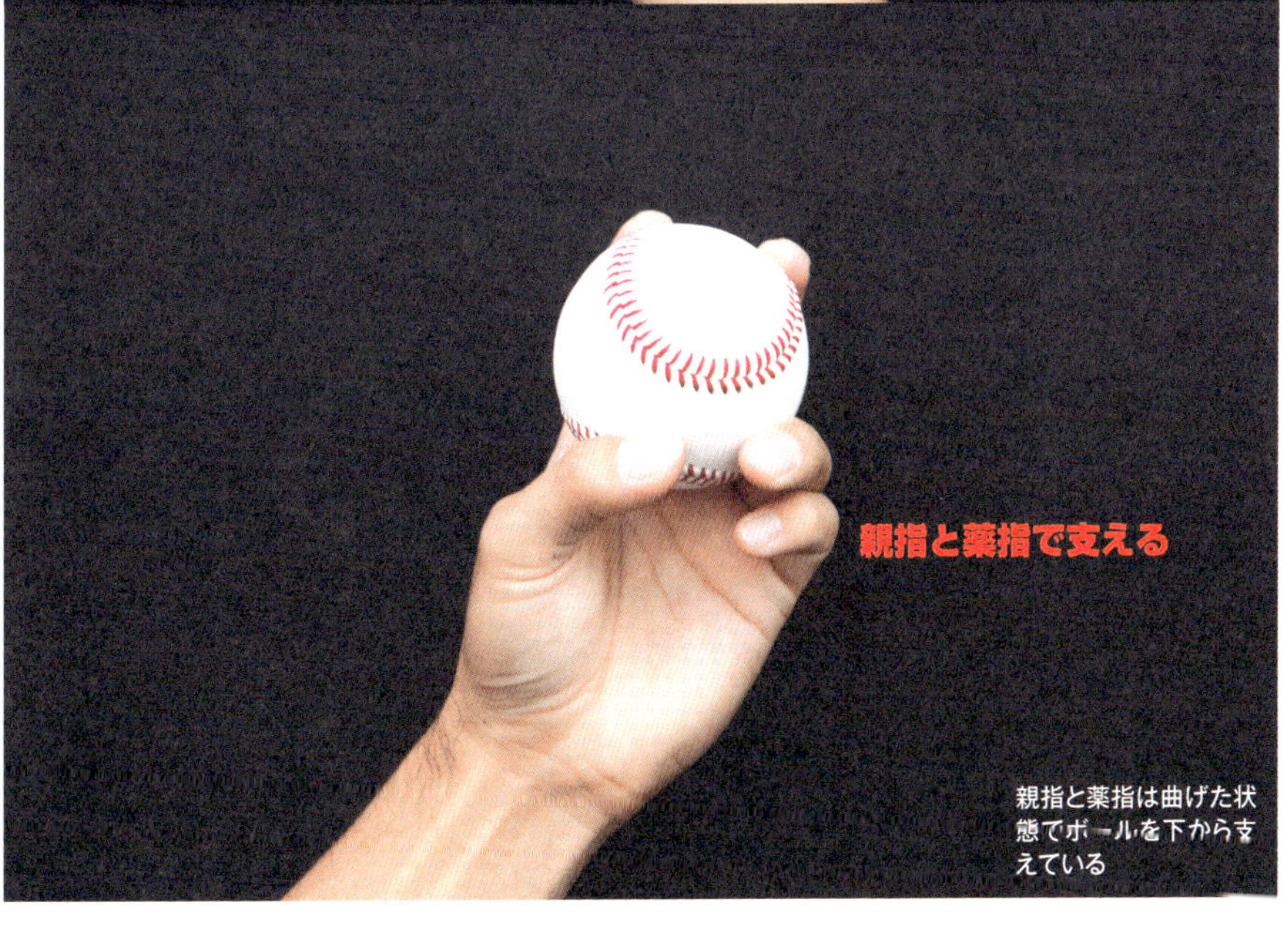

親指と薬指は曲げた状態でボールを下から支えている

ココが弱点

自分に合った変化球の握りが分からない。

なぜ、変化球がうまく投げられないのか？

考えられる原因

- 握りが自分に合っていないから。
- 指先のかけ方がわからないから。

解決方法

練習法①

キャッチボールで自分に合った握りを探す。 ▶▶▶ P.93へGO!

練習法②

テニスボールなど軽いボールで回転のコツをつかむ。 ▶▶▶ P.93へGO!

これで克服

▼変化球の練習法①
キャッチボール

狙い

最初からキャッチャーを座らせて練習するとストライクを意識しすぎてしまうので、まずはキャッチボールで握りやコツをつかむ。

やり方

❶ 握りを自分なりに工夫しながらキャッチボール

これで克服

▼変化球の練習法②
軽いボールでキャッチボール

狙い

テニスボールなどの軽いボールであれば回転がかかりやすいので、指先での回転のかけ方を確認しやすい。

やり方

❶ テニスボールでキャッチボール

PART 2
変化球の握り
DIGEST

試合前にもう一度

ココだけはチェック

変化の大きな球種は当然武器になるが、緩急差や芯を外すような小さな変化でもバッターを打ち取ることができる。三振を取るための球種や、打ち取るための球種など、目的にあった変化球を投げられるようになろう。

Check Point

ストレートとの緩急差や落差が大きな変化球

- カーブ
- フォーク、スプリット
- チェンジアップ

カーブは腕の振りがストレートとはまったく異なるが、覚えやすいので習得しやすい。チェンジアップはストレートと腕の振りが同じなのでストレートとの緩急差をつけやすい。フォークとスプリットはストライクからボールになるような軌道が望ましい。

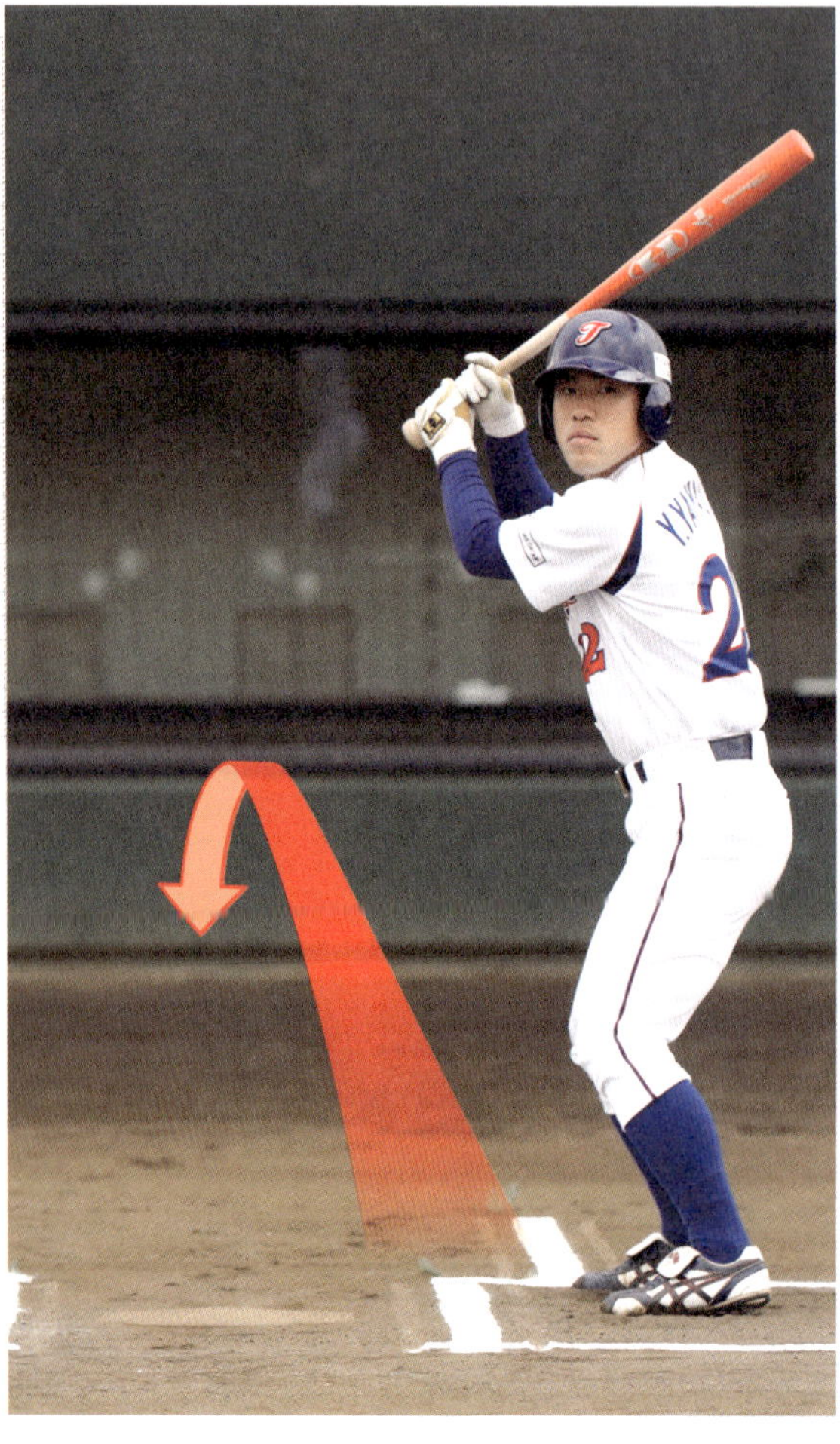

▸ Check Point

右バッターに対して内に食い込む変化球

▸ ツーシーム

▸ シュート

右バッターの手元に曲がるので内野ゴロを打たせたいときに使われることが多いシュート。そしてシュートよりも速く微妙に手元で沈みながら曲がるのがツーシーム。変化量は少ないが芯を外して打ち取らせたいときに有効。

▸ Check Point

右バッターに対して外に逃げていく変化球

▸ スライダー

▸ カットボール

習得しやすく、打ち取ることも三振を狙うこともできるため最も投げるピッチャーが多い変化球がこのスライダーだ。そしてスライダーよりも球速が速く芯を外す程度に少しだけ曲がるのがカットボール。ともに使い勝手が良い変化球と言える。

コラム3

なぜメジャーにはツーシームが多いのか？

日本で良いとされているのは、糸を引くようなノビのあるスピンのかかったストレート。しかしメジャーは、微妙に左右にブレるストレートの方が重宝される。これはなぜか？理由は至って明快。それは打たれにくいから。バッターからしてみれば、スピンのかかったストレートは慣れてしまえばカンタンに対応ができる。メジャーリーガーは高速ボールを打ち返すだけのパワーがあるので、慣れてしまえば通用しない。

しかし、ツーシームは人それぞれぶれ方が違うので、練習中に受けたボールがそのまま試合でもくることはない。ぶれに慣れることはできても、毎回微妙に変わるぶれ幅をとらえるのは、通常のストレートをとらえるよりはるかに難しい。結果がすべて。実にメジャーリーガーらしい。

PART 3

打たれない投手になる

ピッチングは技術だ。最終的にボールを投げるのは腕だが、そこに至るカラダの使い方次第で速い球や、コントロールの良い球は投げられる。ここでは試合で打たれない投手になるためのカラダの使い方を解説する。

打たれない投手になるためのカラダの使い方を身につけよう!!

1 前足の位置

▸▸ P.100へGO!

軸足のカカトから本塁を結ぶ線上に前足をステップすることでコントロールが安定する。

2 下半身のタメ

▸▸ P.102へGO!

軸足のヒザを曲げて内ももで踏ん張り重心を軸足に残しながら前足をステップする動きを身につけよう。

5 腕の振り

▸▸ P.108へGO!

球威を重視した円運動の振りと制球力を重視した並進運動の振りか、自分に合う振りを見つけよう。

6 球の出どころ

▸▸ P.110-114へGO!

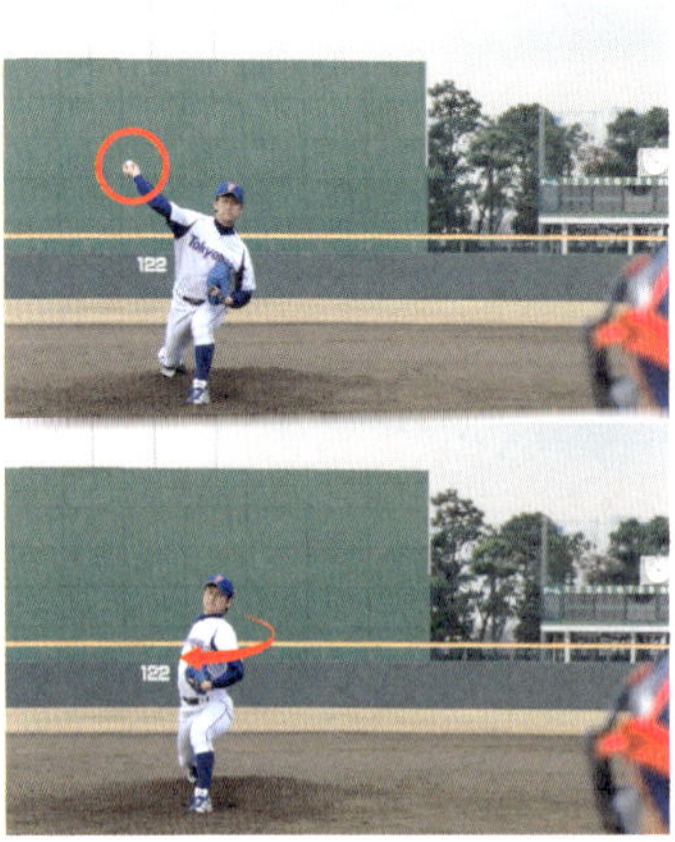

前足を着した時点でカラダの開き具合で球の出どころが見えやすいか否かが決まる。

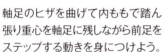

前足の角度 4

▸▸ P.106へGO!

ステップした前足のヒザを深く曲げるのか、あまり曲げずにいるのかで球威やコントロールが変わる。

ヒジの高さ 3

▸▸ P.104へGO!

前足をステップしたときにヒジを肩の高さに持っていくことで必要以上に肩や腕に負担をかけずに投げられる。

けん制 7

▸▸ P.116-124へGO!

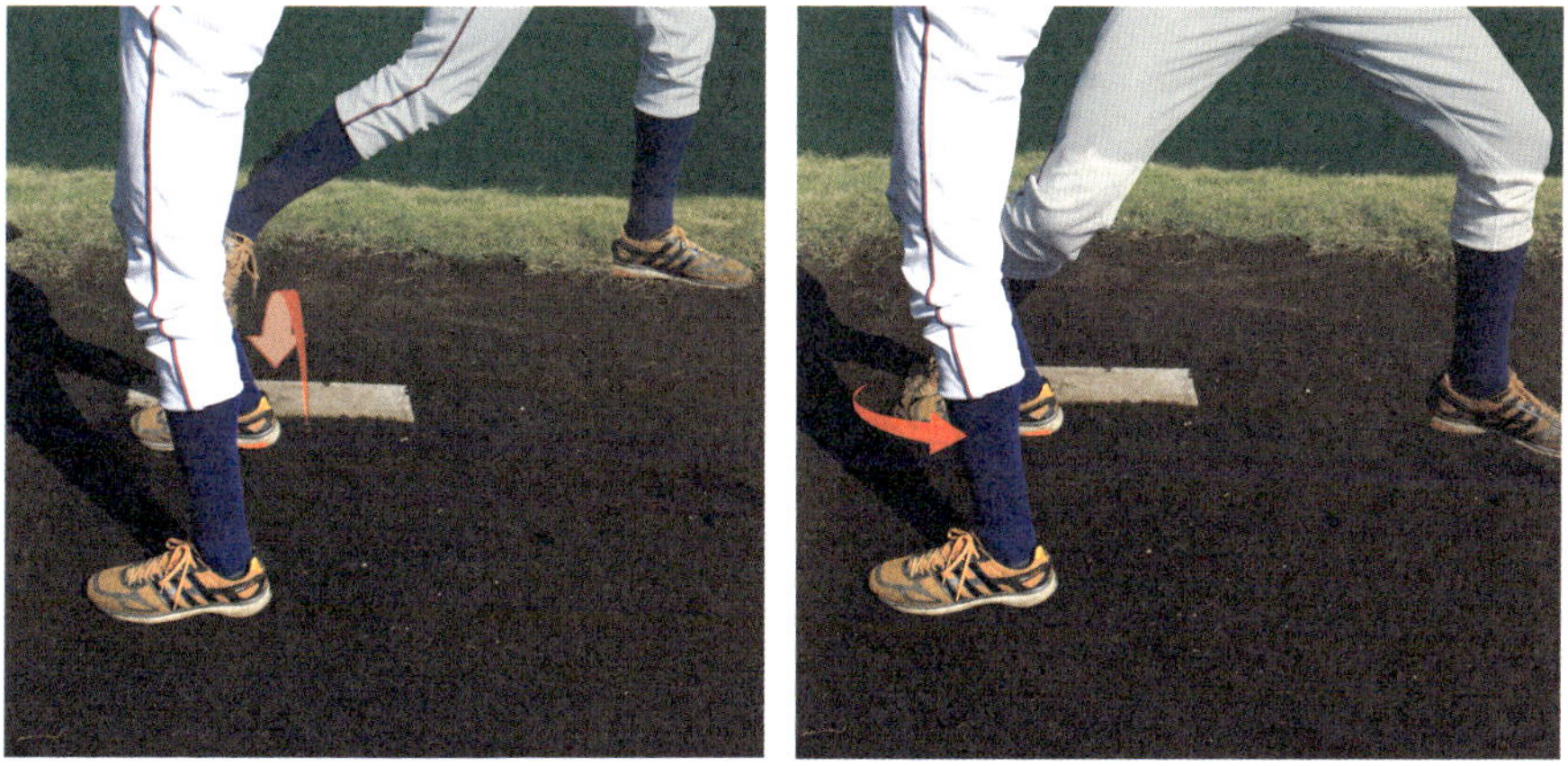

プレートに軸足をつけたままのけん制とプレートから軸足を離すけん制の2つのやり方を身につけよう。

前足のステップ位置

POINT

前足を架空のライン上に出す

軸足のカカトと本塁を結んだ線をイメージしてその上に前足を踏み出す。

前足をライン上にまっすぐ踏み出すことでピッチングが安定する

▼前足の位置

軸足のカカトから本塁を結ぶ線上に前足をステップする

カラダに負担の少ないステップをしよう

前足のステップ位置は、軸足のカカトからホームベースまでを結ぶライン上にまっすぐ踏み出すのが理想的だ。右ピッチャーの場合、ライン上より三塁側に着地すると、インステップ（クロスステップ）になり、上体が不必要にねじられるので前足のヒザや腰、ヒジに大きな負担がかかり、コントロールも不安定になってしまう。球持ちが良いなどインステップのメリットもあると言われているが、これからフォームを身につけるのであれば、そのようなクセはつけず、軸足とホームベースの間にまっすぐ踏み出すようにしよう。また、ステップ後にカラダが左右に傾く人は、ステップ幅が合っていない可能性があるので、今一度見直してみよう。

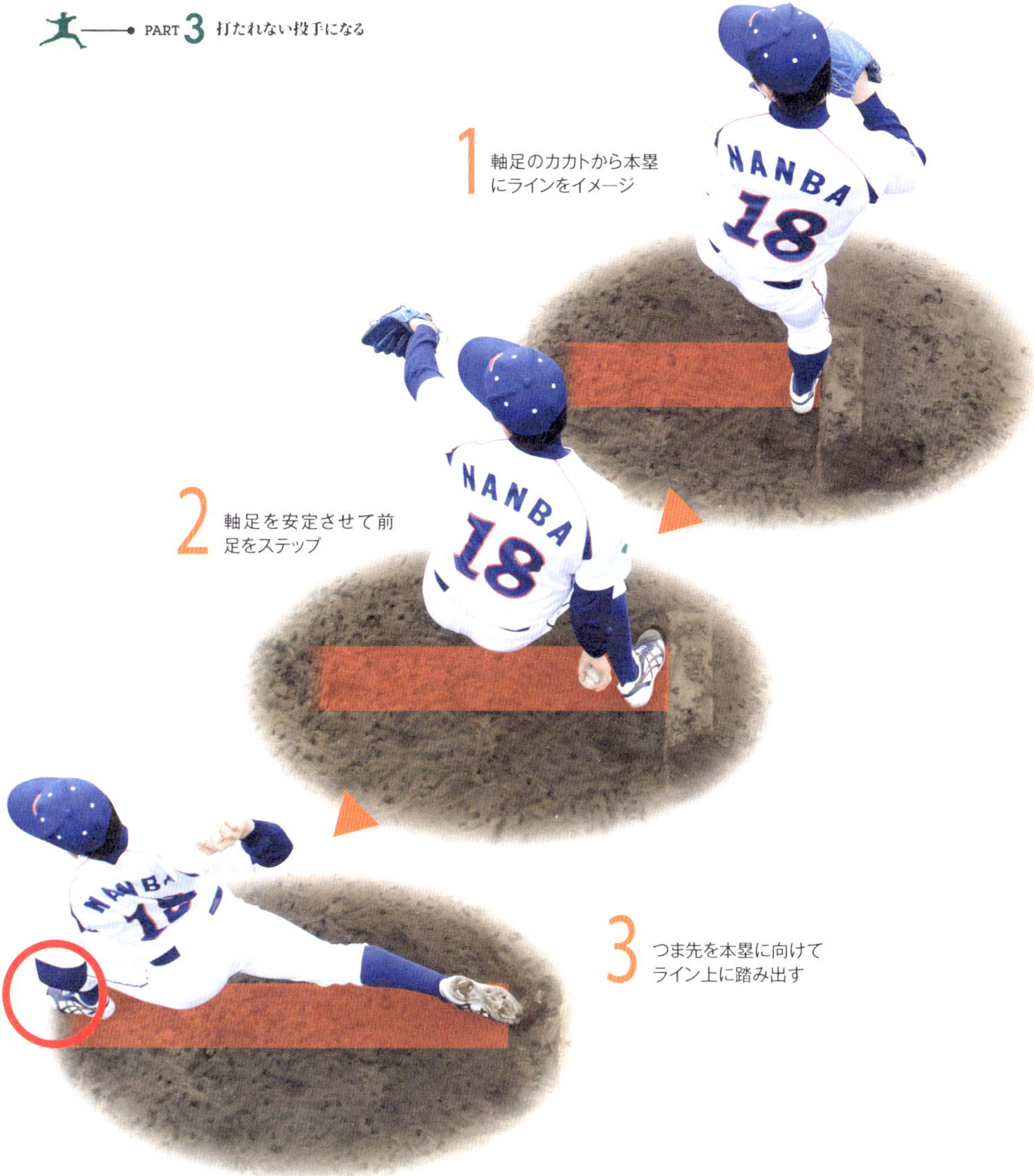

1 軸足のカカトから本塁にラインをイメージ

2 軸足を安定させて前足をステップ

3 つま先を本塁に向けてライン上に踏み出す

自分に合った前足のステップ幅を見つけよう。

上達のコツ the keys to success

内ももでタメをつくるステップ

▼下半身のタメ
軸足のヒザを曲げてお尻から前に出せば球威が増す

3 拇指球と内ももでカラダが前傾しないように耐える

4 軸足でしっかり踏ん張れればカラダの開きも抑えられる

下半身を上手に使い体重移動に勢いをつける

前足ステップによる体重移動がピッチングのパワーをつくることはパート1で紹介したが、ここでは、そのカラダの使い方をもう少し詳しく解説しよう。ポイントは軸足の内ももとヒザの使い方だ。軸足でまっすぐ立ったら、すぐに前にカラダを移動させるのではなく、まずは軸足のヒザを曲げて重心を下げる。この動作が体重移動に勢いをつけるためには欠かせない。重心を下げたら軸足の内ももと拇指球で踏ん張りカラダの軸を後ろに残しながら、ヒップファーストで前に。内ももで踏ん張ることができないと、前足がすぐに着地してしまい、ピッチングのパワーは下に逃げてしまう。なるべく平行に移動するイメージで前足をステップしてみよう。

POINT

母指球と内ももに力を入れる

後ろ足の母指球と内ももに力を入れて、タメをつくりながら体重移動する。

1 まずは軸足で安定して立つことからはじまる

2 お尻は落とさずにヒザを曲げて重心を下げる

前足でしっかりと踏ん張り球持ちを良くしよう。

上達のコツ the keys to success

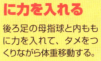

前足を踏み出した瞬間のヒジは肩の高さ

▼ヒジの高さ

前足ステップ時のヒジは肩の高さに持ってくる

POINT

ヒジを肩の高さまで上げる

前足をステップ時にヒジを肩より上げることで肩やヒジの負担を減らせる。

体重移動を遅らせる落とし穴に注意

前のページで前足ステップによる体重移動を勢いよくすることが望ましいと解説したが、そこには落とし穴があるので注意したい。それはヒジの高さだ。ヒップファーストの動きで体重移動を勢いよくすることに意識が集中すると、前足をステップしたときに、投げる腕のヒジが下がったままであることが多いのだ。つまりヒジが置いてきぼりにされてしまっている。ステップしたときにヒジが下がっていると、そこから強引に腕を上げなければならず、肩やヒジに大きな負担がかかる。このフォームを長年続けるとケガをしてしまう。前足ステップ時の理想のヒジの高さは肩の高さ。着地と同時に肩の高さにヒジがくるように徹底させよう。

前足が地面に着くまではヒジも肩より下にある

前足の着地と同時にヒジが上がるようなリズムが理想

腕をしっかり振って自分のリリースポイントで投げる

ステップした前足から上げた右肩までの対角線を意識。

上達のコツ
the keys to success

前足のヒザの角度は人それぞれ

▼前足の角度

ステップした前足のヒザの曲げ具合で球の質が変わる

ヒザを曲げる

ペース配分が必要な先発タイプに多い傾向にある

制球力(コントロール)重視

ヒザの角度から投手の傾向を探る

自分のステップした前足のヒザの角度を意識したことはあるだろうか。学校の部活動では傾斜のないマウンドを使うことが多く、また傾斜があったとしても土の硬さもそれぞれなので一概には言えないのだが、このヒザの角度によってピッチャーの傾向が見えてくる。

上の写真にもあるように、前足のヒザが深く曲がっているとコントロールが安定する傾向にある。これはヒザを曲げることでリリースポイントを長く保つことができるからだと考えられる。逆にヒザが伸びていると球速が出やすい傾向にある。これは体重移動から生まれたエネルギーを伸ばした前足がすべて受け止め、無駄なく上に伝えられているからだと考えられる。

ヒザをやや曲げる

最も多いのがこのタイプだろう。球威と制球力のバランスが良い

POINT

前足のヒザで受け止める

どの角度であれ、体重移動した力をしっかりと受け止めることが大切だ。

ヒザをあまり曲げない

上半身の筋力が発達した外国人投手や投げるイニングの少ない抑えタイプに多い

球威（スピード）重視

前足ステップで体重移動を受け止める。

上達のコツ
the keys to success

▼腕の振り

並進運動のイメージで腕を振るとリリースポイントが安定する

円運動に近い腕の振り

メリット

全力で振れるので球威が増す

デメリット

リリースポイントが一点になる

円運動で腕を振ると自分のリリースポイントはひとつしかなく、点でしかとらえることができない

ヒザの角度と腕の振りに共通する傾向がある

前ページのヒザの使い方と、ここで紹介する腕の振りには同じ傾向が見える。

つまり、前足のヒザを曲げるタイプのピッチャーは、それだけ腕も並進運動で振ることができるので、コントロールが安定する。一方、前足のヒザを伸ばすタイプのピッチャーは、腕の振りが円運動になり球威が増す傾向にある。

どちらの投げ方も、本人でなければその違いは分からないほど感覚的なことではあるが、このような細かいポイントの積み重ねによって自分だけのフォームが作り上げられるのだ。この腕の振りもどちらが良いという話ではなく、これは自分に合う投球フォームをつくるための材料として理解しておこう。

並進運動に近い腕の振り

メリット

リリースポイントが長くなる

デメリット

円運動にくらべて球威がやや劣る

腕を並進させることができればリリースポイントを線でとらえることができるので、コントロールも安定する

POINT

腕を並進運動で振るイメージ

リリースポインを安定させるために並進の距離を長く保つイメージで振る。

ヒザを曲げることで並進運動の腕の振りがしやすくなる。

上達のコツ
the keys to success

球が見えるのが早い（打たれやすい腕の振り）

▼球の出どころ1 バッターにギリギリまで球を見せないように腕を振る

前足をステップしたときに肩も開いてしまうと、必然的にボールも見えてしまう。これではバッターにタイミングを合わされやすくなってしまう。これが一般的に言われている「球の出所が見えやすい」ピッチャーだ

ボールを見せないカラダの使い方

プロ野球の世界では130km／h台のストレートでも三振をたくさん奪うピッチャーがいる。そのようなピッチャーは、必ず「球の出所が見えづらい」と評される。この球の出所について、ここで解説しよう。

上の2つの写真は前足ステップ時のもの。右上の写真では、前足をステップしたときにカラダが開いてしまい（肩が回転している）握ったボールが見えている。これではバッターにタイミングが合わされやすい。

一方、左上の写真では、カラダが開いていないので握ったボールが見えない。このままカラダのラインに沿って腕を振り上げて、ギリギリまで球の見せない腕の振りができれば遅い直球でも三振が取れるようになる。

球が見えるのが遅い（打たれづらい腕の振り）

前足をステップしたときに肩の開きが抑えられているとボールが見えない。するとバッターはボールが見えはじめるのが遅くなりタイミングを合わせづらくなる。これが「球の出所が見えづらい」ピッチャーだ

POINT

肩の開きを抑えボールを隠す

カラダのラインに沿ってボールを隠すように腕を上げることが大切。

前の腕の肩甲骨をキャッチャーに向けて開きを抑える。

上達のコツ
the keys to success

▼球の出どころ2

さまざまなピッチャーの球が見えるタイミング

グラブが上を向くほど前の腕を伸ばした躍動感のある前足ステップ

前足を高く上げてまっすぐ軸足で立っている

背番号を確認できるほど前の肩が閉じられている

上の投手にくらべてグラブをカラダから離している

PLAYER'S COMMENT 右投げ・オーバースロー ▸

ボールが隠れるようにカラダのラインに沿って腕を上げています。腕は大きく回すように上げて、ボールが見えてからは一気にリリースします。

腕を最後まで振り下ろし力を逃がすようにフォロースルー

カラダを上手に折りたたみながらリリースポイントに向かう

PLAYER'S COMMENT 右投げ・オーバースロー ▸

バッターにギリギリまでボールを見せたくないので、背番号がバッターに見えるくらいまでカラダを閉じて腕を上げています。

比較的ポイントが打者寄りの球持ちの良いリリース

腕の振りがコンパクトで球の出所が見えにくい投げ方

▼球の出どころ3

カラダの開きと球が見えるタイミング

前足を斜め前に置き軸足を深く曲げて立つ独特のフォーム

前足をステップして腰の回転も終えているがボールがまだ見えていない

PLAYER'S COMMENT 右投げ・オーバースロー

足を上げたときに一度目線を外して、なるべく自分のカラダの横のラインにボールを隠しながら腕を上げています。球速を追求した結果、前足を伸ばしてカラダが前に突っ込まないようにブロックする形になりました。

股関節の柔軟性と強靭な下半身が可能にしている低重心の前足ステップ

肩の回転も終えリリースの直前にしてようやく球の出所が分かった

フォロースルーでカラダが左右に崩れないのはフォームが良い証拠

▼けん制の基本

プレートに触れている軸足の使い方を身につけよう

軸足をプレートにつけたまま

メリット

すばやく投げられる

デメリット

必ず投げなければいけない

足を外さないので少ない動作ですばやく投げることができる。アウトを取りたいときに有効だが、投げるフリはボークになるので注意

試合の状況によってけん制を使い分ける

ピッチャーのけん制には、2つのやり方がある。ひとつは、軸足をプレートにつけたまま投げる方法。これは最小限の動作ですばやく投げることができるというメリットがあるが、投げるフリではなく必ず投げなければならない。また踏み出す足を正確に一塁へ向けなければボークになるという危険もある。

もうひとつは、軸足をプレートから外して投げる方法だ。これは動作が大きくなるので投げるまでに時間がかかってしまうが、投げるフリだけでも良いので、ランナーにプレッシャーを与えたいときなどに有効だ。ランナーをけん制アウトにしたいときと、プレッシャーを与えたいだけのときで、使い分けられるようになろう。

軸足をプレートから外す

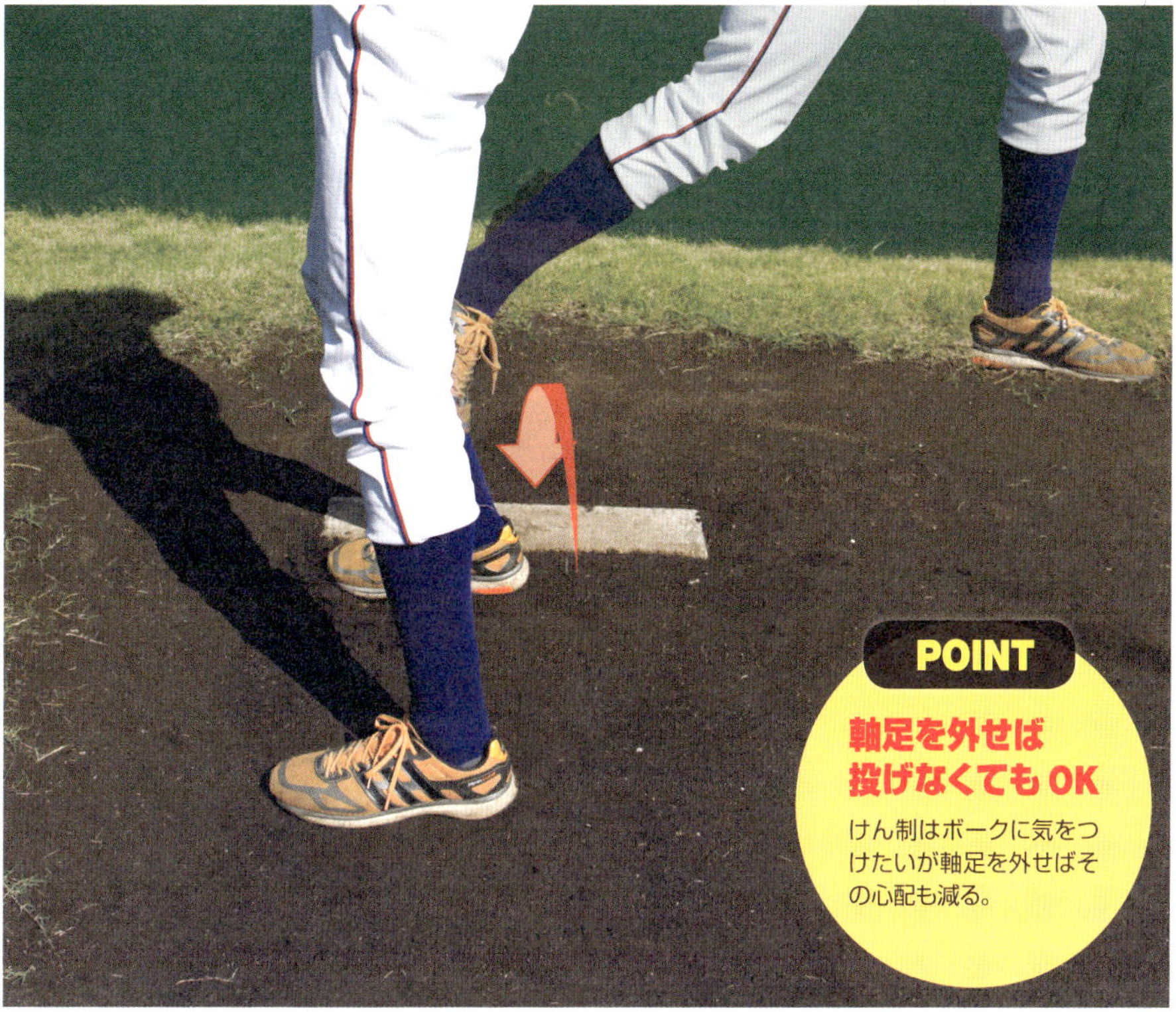

POINT

軸足を外せば投げなくても OK

けん制はボークに気をつけたいが軸足を外せばその心配も減る。

メリット

投げなくても良い

デメリット

投げるまでに時間がかかる

足を外すので時間はかかるが実際に投げなくてもボークにならない。 ランナーをけん制させる目的であればこちらでも十分だ

軸足をつけたけん制では足を一塁に向ける。

上達のコツ
the keys to success

▼一塁けん制1

アウトを狙いたいときは軸足をプレートにつけたまま

1 ランナーを肩越しに確認

キャッチャーのサインを確認したらランナーを肩越しに見る

2 すばやく腰をひねる

軸足のヒザを曲げてすばやく腰をひねり一塁方向に足を向ける

軸足の拇指球ですばやく回る

プレートの縁に足を沿わせて立つ

3 一塁に足を向ける

足を一塁方向に踏み込まなければボークを取られてしまうので注意

4 正確に投げる

けん制での暴投はもったいない。すばやく正確に投げられるようになろう

POINT

一塁に向かって正確に踏み出す

踏み出す足が一塁と本塁の中間に斜めに踏み出すとボークを取られる。

投げるときはプレートから離れてもOK

真横に向ける

踏み出す足を一塁に向ける

▼一塁けん制2
ランナーを足止めしたいときは軸足をプレートから外す

1 ランナーを肩越し確認

プレートに足を添えて一塁ランナーを肩越しに見る

2 軸足をすばやく外す

軸足をすばやくプレートの二塁側に外す

Close up
プレートの縁に軸足を添わせる
軸足をプレートの二塁側に外す

3 カラダをひねる

プレートを外すタイミングでカラダをひねり送球体勢をつくる

4 投げなくてもOK

プレートから外した場合は投げるフリでもボークにならない

POINT

投げるフリだけでも大丈夫

軸足をプレートから外せば、けん制球を投げなくてもボークにならない。

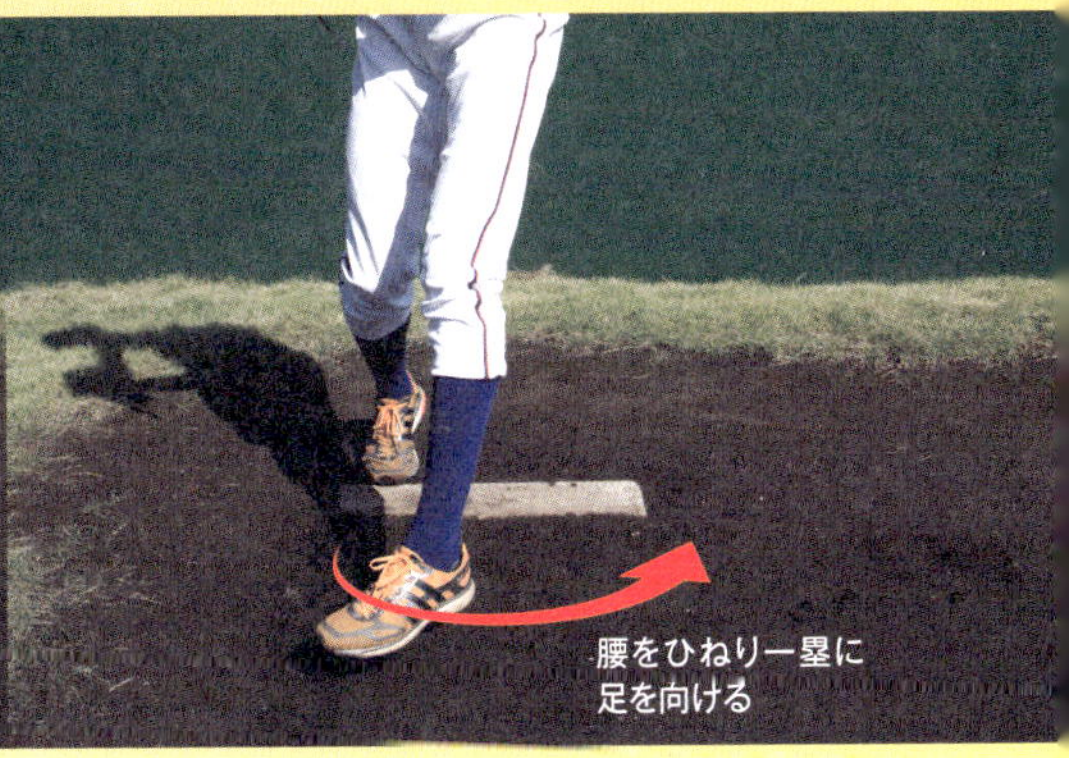

腰をひねり一塁に足を向ける

前足のつま先は投げる方へ向ける

▼左投手の一塁けん制

すばやく投げられるので左投手の大きな武器になる

1 プレートに軸足を添える

軸足をプレートの縁に添えて胸の前でグラブをかまえて静止する

2 視線はキャッチャー方向

けん制でアウトを狙う場合はキャッチャー方向に視線を向けたまま一塁側へ足を踏み出す

3 前足を一塁側へ踏み出す

前足を斜めに踏み出してボークを取られることが多いので注意しよう

4 投げるフリはNG

プレートを外していないので一塁へ必ず投げなければいけない

POINT

左ピッチャーはボークに要注意

左ピッチャーは前足を斜め方向に出してボークを取られやすいので注意。

▼二塁けん制

ランナーの意表をつくすばやいターンと野手との連携

1 キャッチャーのサインを確認

二塁けん制はキャッチャーやショートとサイン交換をしておこなうのが一般的

2 すばやくプレートを外す

二塁けん制ではプレートを外した方が断然投げやすい

Close up
プレートを二塁側へ外す
まずはプレートに軸足を添わせる

3 すばやく二塁方向へターン

腰を回す勢いを利用してすばやく二塁へ投げる

4 野手との連携が必要

二塁けん制では野手との連携が大切。誰もいない二塁へ投げることのないように

POINT

腰の回転力を利用して投げる

プレートを外したら腰をすばやく回してその勢いのまま二塁に投げる。

軸足のヒザを曲げてターン

投げる方へ足を踏み出す

ココが弱点

投げる度に前足をつく位置がぶれてしまい安定しない。

なぜ、前足の位置が安定しないのか？

考えられる原因

- 股関節に柔軟性がないから。
- ステップの幅が自分に合っていないから。
- まっすぐ前に踏み出せていないから。

解決方法

練習法①

股関節ストレッチを続けて柔軟性を獲得する。

▶▶▶ P.127へGO!

練習法②

地面にラインを引いて足の位置を確認する。

▶▶▶ P.128へGO!

練習法③

投げ終えた姿勢から足の位置を逆算する。

▶▶▶ P.129へGO!

これで克服

▼前足位置を安定させる練習法①

股関節ストレッチ

足の裏を合わせて腰から上体を倒す

両足を広げて腰から上体を倒す

両足を広げて上体を横に倒す

お尻を浮かせて胸をヒザに近づける

後ろ足をつかんで体重を前にかける

腰を落として両ヒジでヒザを外側に広げる

狙い

股関節が硬いと前足を踏み出すときにカラダが早く開いてしまうし、前足位置も安定しないので、股関節の柔軟性を高める必要がある。

やり方

❶ 股関節ストレッチはさまざまあるので、いくつかのメニューを取り入れて毎日続ける。（詳細はP.173）

これで克服

ライン上前足ステップ

▼前足位置を安定させる練習法②

1 軸足のカカトから本塁にラインを引く

2 前足をライン上に踏み出して投げる

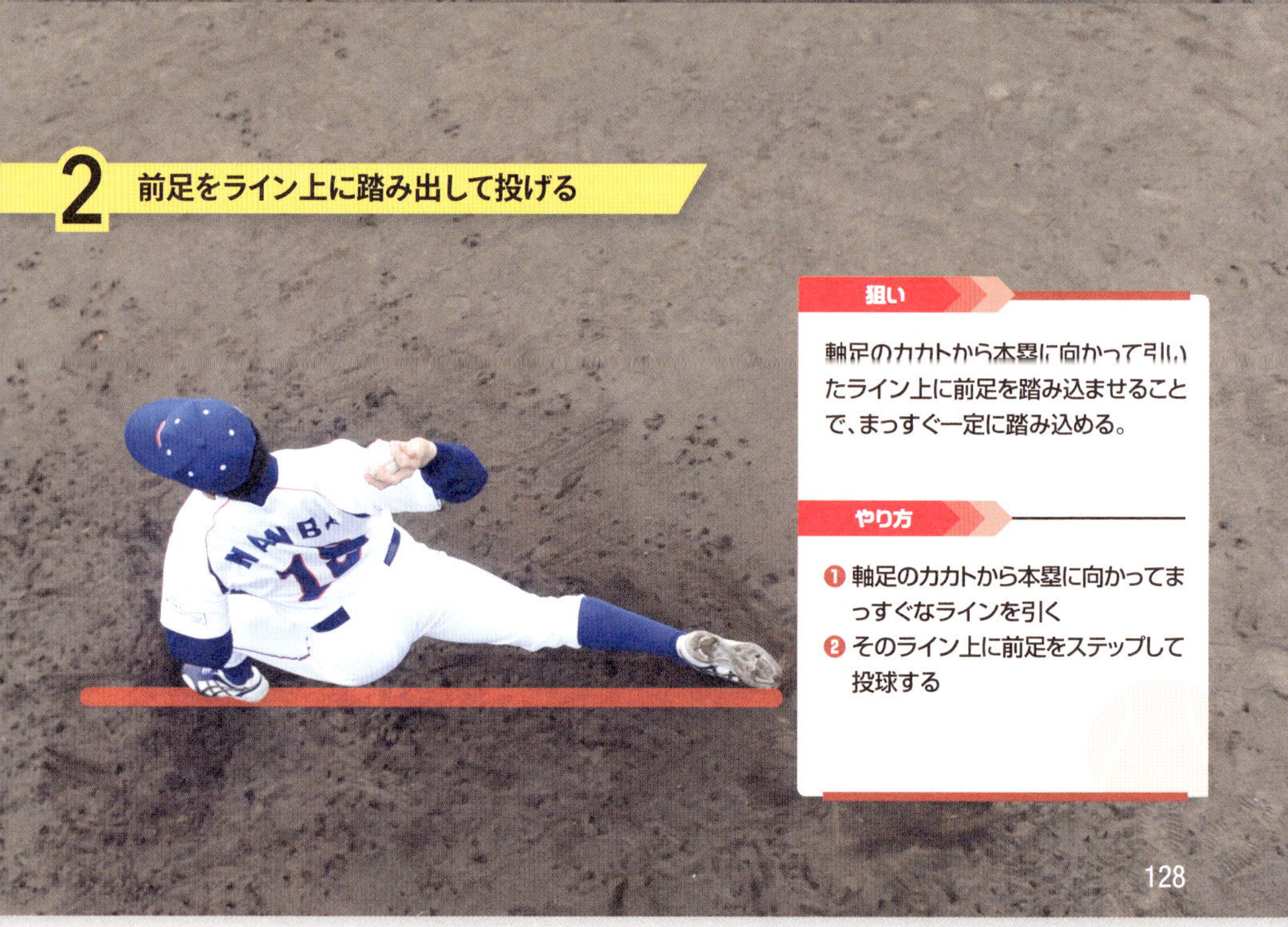

狙い

軸足のカカトから本塁に向かって引いたライン上に前足を踏み込ませることで、まっすぐ一定に踏み込める。

やり方

❶ 軸足のカカトから本塁に向かってまっすぐなラインを引く
❷ そのライン上に前足をステップして投球する

これで克服

投球後の姿勢から逆算

▼前足位置を安定させる練習法③

1 投球後の姿勢はまっすぐ

投球後に傾く人は足幅を見直そう

2 動作をゆっくり巻き戻す

3 腕の振りもゆっくり戻す

4 前足位置を替えてもう一度

狙い

前足のステップが自分に合っていれば投球後の姿勢もまっすぐになるので、その姿勢から最適な前足の位置を考える。姿勢がどちらかに傾く人は前足の幅を再調整する。

やり方

1. シャドーピッチングで投球後の姿勢をつくる
2. その姿勢から逆動作でゆっくり戻す
3. ゆっくりとその軌道で何度かスイングする
4. 自分に合う前足の幅を自分なりに模索する

ココが弱点

制球力に不安があり、投げる度にばらついてしまう。

なぜ、制球が定まらないのか？

考えられる原因

- フォームに問題があるから。
- 軌道のイメージができていないから

解決方法

練習法①

カベ当てでとにかく投げる。

▶▶▶ P.131へGO!

練習法②

カゴ入れで軌道をイメージする。

▶▶▶ P.132へGO!

これで克服

カベ当て

▼制球力を高める練習法①

狙い

カベに的を書いて納得いくまで投げ込むというシンプルだが昔から誰もがやってきた練習。跳ね返ってきたボールで守備練習もできる。

やり方

1. カベに書いた的をめがけて投げる
2. 投球後はすぐに守備姿勢になる
3. 跳ね返ってきたボールを捕球する

跳ね返ってきたボールで守備練習

これで克服

▼制球力を高める練習法②
カゴ入れ

狙い

キャッチボールではなく、遠くに置いたカゴに向かって投げることで、ボールの軌道を正確にイメージできる。

やり方

❶ 15mほど離したカゴに投げる
❷ 入ったら徐々に距離を伸ばしていく

軌道をイメージして
カゴに投げる
IWASA
13

PART 3
打たれない投手になる
DIGEST

試合前にもう一度

ココだけはチェック

ピッチャーが打たれなければ、試合に負けることはない。ここでは体力が消耗する試合終盤などに確認しておきたいポイントを紹介。試合中でのフォーム修正に役立ててほしい。

Check Point

下半身のタメが短くなっていないか?

軸足の母指球と内転筋群で踏ん張り、重心を残しながらのステップができていないと、カラダの開きが早くなってしまう。

Check Point

ステップ幅はいつもどおりか?

ステップ位置が不安定だと、腕の振りも不安定になる。下半身に疲れが溜まる終盤でも、一定の幅で正確にステップできるようにしておこう。

Check Point

リリースポイントがズレてないか?

本来はこうなる前に交代するのが望ましいが、これも腕が上がらなくなる試合終盤で見られる。リリースポイントを安定させるには、日頃から走り込みなどをして下半身を強化する必要がある。

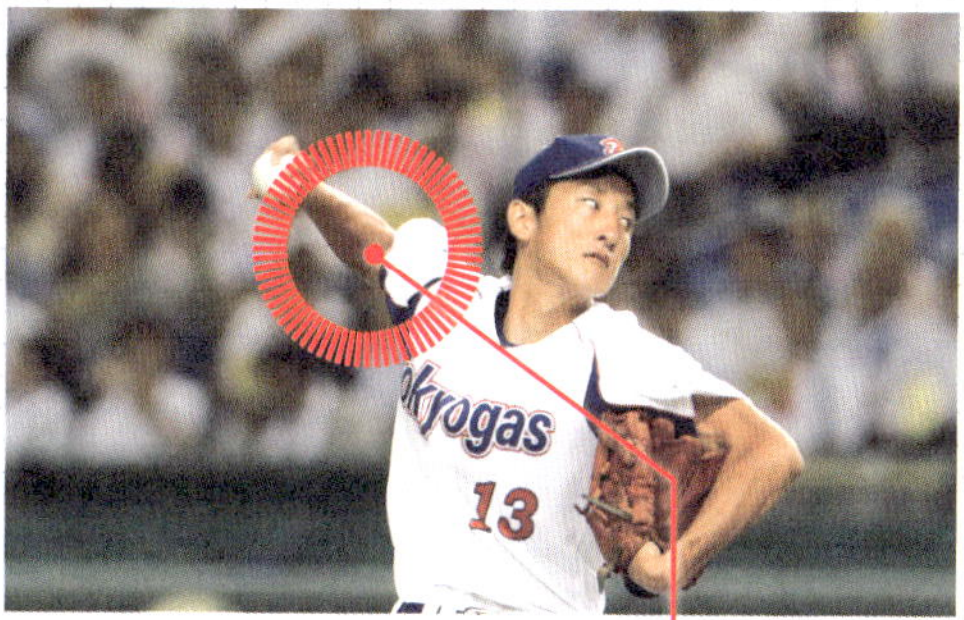

Check Point

けん制のクセが出ていないか?

グローブの位置や顔の動かし方、肩の開き具合など、けん制のクセが現れやすい部位はさまざま。チームメイトに見てもらいクセのないモーションを身につけよう。

Check Point

ヒジが下がっていないか?

試合終盤になると腕が上がらなくなるピッチャーは多い。するとヒジの位置が下がるので肩に負担がかかってしまうので気をつけよう。

コラム4

運動神経の良し悪しって!?

人がカラダを動かすときには、脳から脊髄を通り筋肉に司令を出す。筋肉に届くまでの神経は無数にあり、運動神経が良い人は最適な場所に最適な量だけ刺激を送ることができる。運動神経が悪い人は関係ないところにも送ってしまう。力みもこれと同じ。この無数にある神経は大人になるほど淘汰されていく。必要のない神経、まったく使われてこなかった神経は衰える。だから子どものうちに、ひとつの動作やスポーツに限定することなく、たくさん身体を動かしていると多くの神経が残り、それが運動神経の良いカラダとして大人まで残る。

神経の伝達速度は子どものころにピークを迎え、そこから30代頃までは遅くなることもなく変わらない。ただしそれ以降になると徐々に遅くなっていくという実験結果がある。

PART 4

ポジション別の役割

ピッチャーも投球後はすぐに９人目の野手としてすばやく守備体勢に入る。当然、打球によってはバックアップやカバーに入る必要もある。ときには、ほかのポジションを守ることもあるだろう。ここでは各ポジションの特徴とフォーメーションの動き方を解説する。

ポジション別の動きを把握してチームを勝利に導く!!

1 ピッチャー

▸▸ P.140へGO!

【動きの一例】
・一塁ベースカバー ・三塁ベースカバー
・本塁ベースカバー ・三塁バックアップなど

2 キャッチャー

▸▸ P.142へGO!

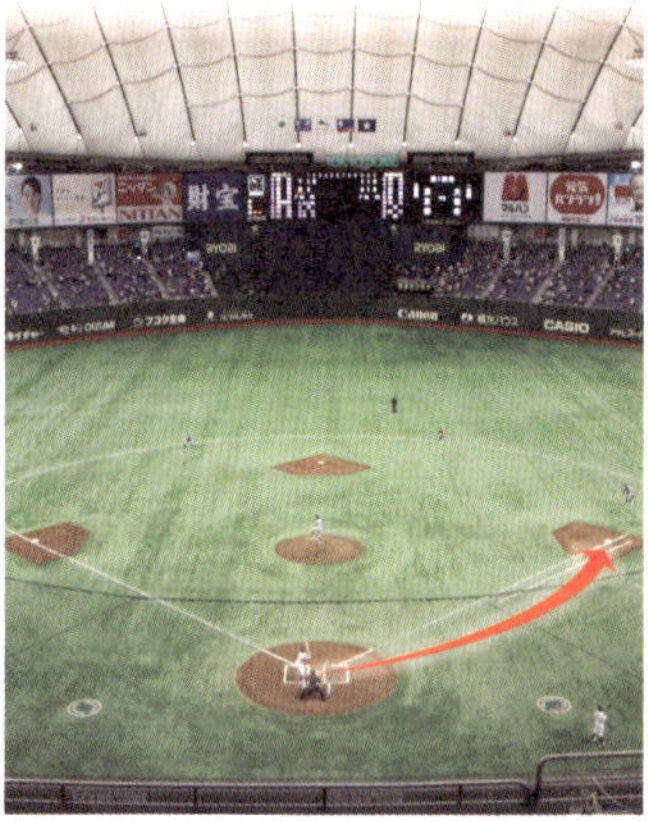

【動きの一例】
・野手への指示
・一塁ベースカバー

5 サード

▸▸ P.148へGO!

【動きの一例】
・三塁ベースカバー ・バントシフト
・外野からの中継プレー

6 ショート

▸▸ P.150へGO!

【動きの一例】
・ダブルプレー ・三塁ベースカバー
・けん制ベースカバー ・外野からの中継プレー

3 ファースト

▶▶ P.144へGO!

【動きの一例】

・一塁ベースカバー　・バントシフト
・外野からの中継プレー　・二塁ベースカバー

4 セカンド

▶▶ P.146へGO!

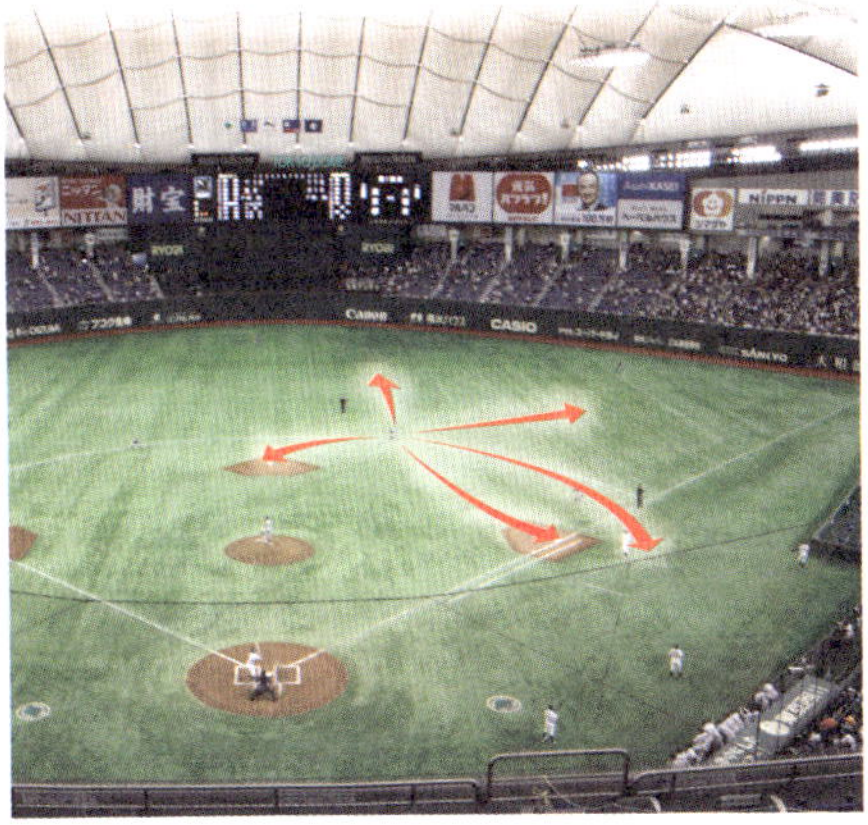

【動きの一例】

・ダブルプレー　・一塁ベースカバー　・けん制ベースカバー
・外野からの中継プレー　・一塁バックアップ

8 レフト

▶▶ P.152へGO!

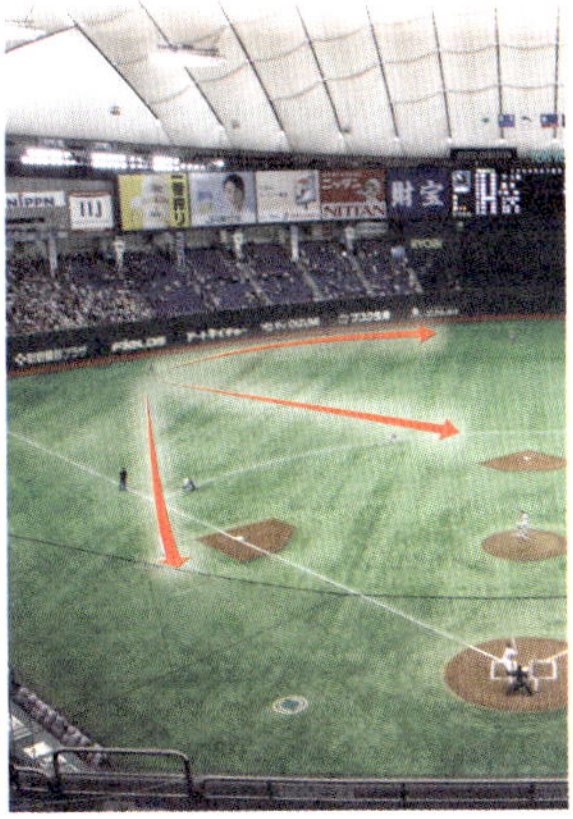

【動きの一例】

・三塁ベースカバー
・二塁バックアップなど

9 センター

▶▶ P.154へGO!

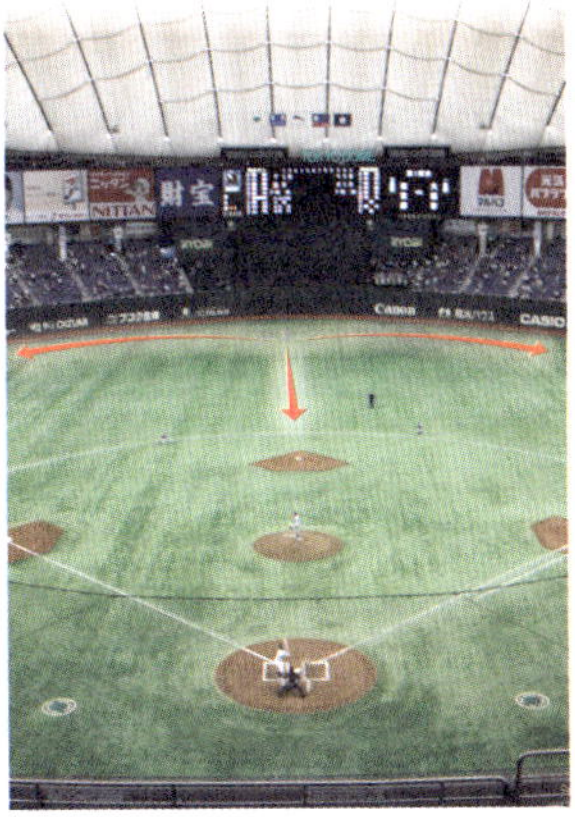

【動きの一例】

・レフトバックアップ
・二塁バックアップなど

10 ライト

▶▶ P.156へGO!

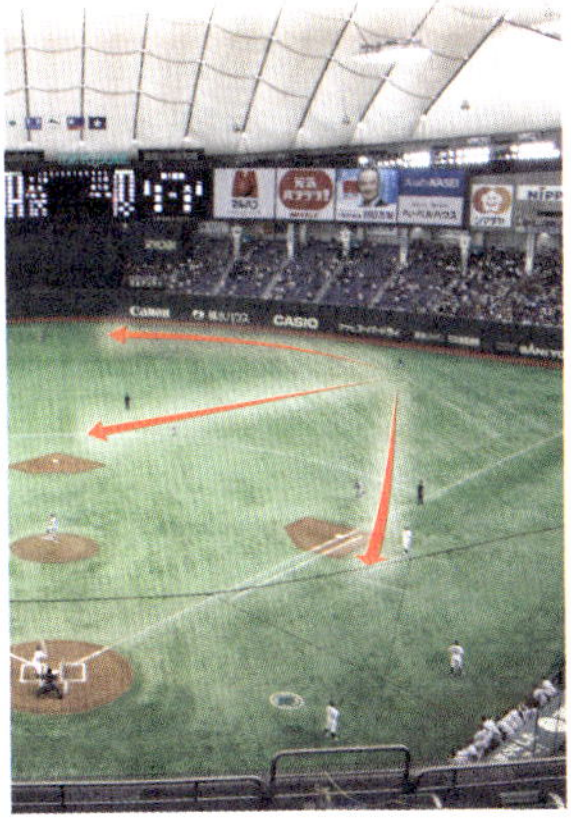

【動きの一例】

・センターバックアップ
・二塁バックアップなど

▼投手（ピッチャー）
投球後は9人目の野手として すばやく打球に備える

求められる能力 ★★★★★
- ▶強い気持ち
- ▶コントロール
- ▶心身のタフさ

カラダに負担のかかる最もタフなポジション

ピッチャーは、すべてのポジションの中で、最もカラダに負担がかかる。とくに下半身の筋力が備わっていない小学生や中学生は腕の力に頼りがちになるので、その頃はカラダの成長が早かったり、下半身の強い人が適していると言える。

一方、高校生以上になるとカラダもできてくるため、フィジカル以上にメンタルの要素が重要になる。どんな場面でもバッターに向かっていく強い気持ちを持っている人が良いだろう。

試合では、投球後にすばやく守備態勢を取り打球に備える。ピッチャーとしてフィールディングがうまいことは大きな武器になる。その他には、本塁や一塁、三塁へのベースカバーはバックアップの役割も担う。

ピッチャーの主なフォーメーション

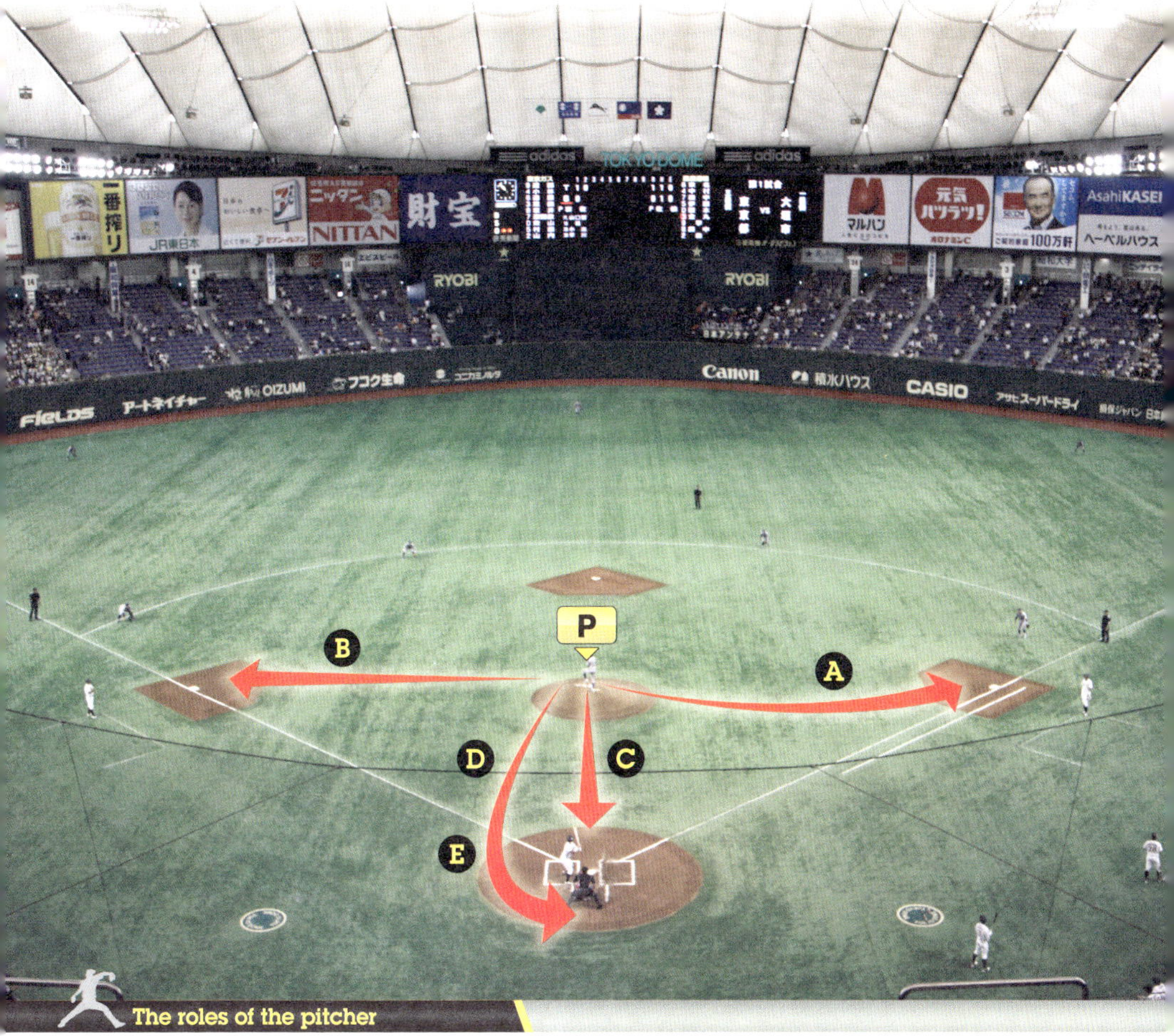

A 一塁ベースカバー

右方向へ打球が飛んだら一塁手がベースを離れることを想定して、すぐに一塁のベースカバーに向かう。打者走者よりも速く一塁へ到達することが求められる。

B 三塁ベースカバー

一塁にランナーがいてバントシフトからサードが捕球した場合は、ピッチャーは空いている三塁へカバーに行く。

C 本塁ベースカバー

ワイルドピッチやパスボールなどをして、ランナーが二塁や三塁にいるにもかかわらずキャッチャーが本塁を空けてしまったら、すぐに本塁のカバーに向かいタッチプレーに備える。

D 本塁バックアップ

外野にヒットや犠牲フライを打たれたてバックホームの可能性があるときには、本塁の後ろに回りキャッチャーが後逸した場合に備える。

▼捕手（キャッチャー）
グラウンド全体を見渡しリーダーシップを発揮する

長い目で育てていく特殊なポジション

キャッチャーの適正を瞬時に見抜くことは難しいと言われている。どんな球でも捕るキャッチング能力や盗塁阻止のための強肩は当然だが、相手バッターを注意深く見る観察力や試合の流れを読む状況判断力、そして何よりグラウンドの監督として、チームをまとめる統率力が求められるからだ。このような目に見えない能力は経験とともに養われていくものなので、指導者であれば、長い目で育てていく意識が必要だ。

また、試合中は座った姿勢を維持しなければならないので、股関節や足首の柔軟性、ミットを前に向け続ける手首の柔軟性なども求められる。ピッチャーと同様に心身のタフが要求されるポジションだ。

求められる能力 ★★★★★

- チームをまとめる統率力
- バッターに対する観察力
- 流れを読む状況判断力

キャッチャーの主なフォーメーション

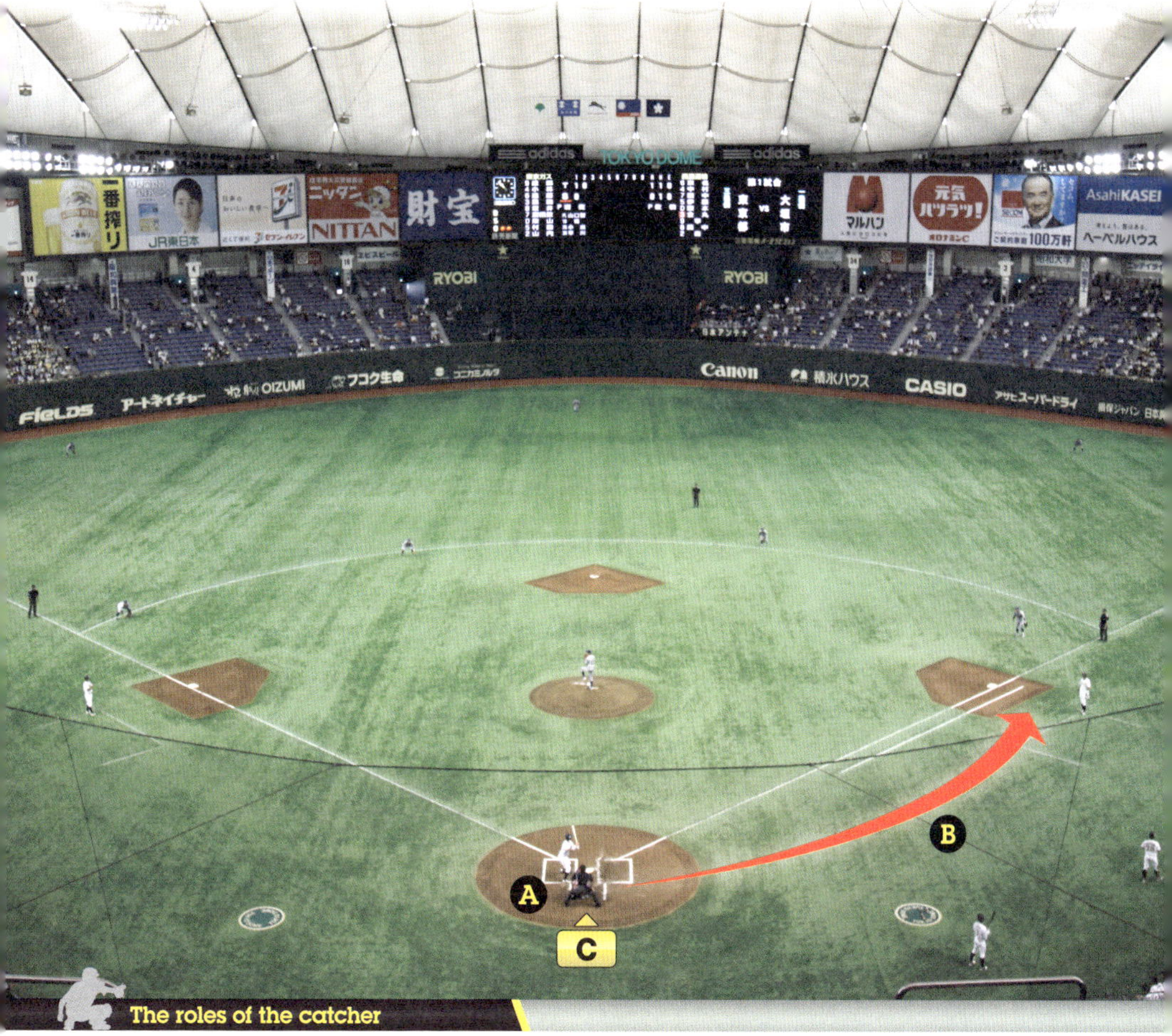

A 野手への指示

キャッチャーはグラウンド全体を見渡せる唯一のポジション。試合中はグラウンド上の監督として、野手に指示を出すことが求められる。またバッターの観察を怠らず、配球にも気を配り、投手をリードしていく気概も必要だ。

B 一塁ベースカバー

ランナーなし、ランナー一塁での内野ゴロの場合は、全力で一塁のバックアップに向かいファーストの後逸に備える。ただし、ランナーが二塁や三塁の場合は本塁を空けるわけにはいかないのでバックアップよりも本塁カバーを優先する。

▼一塁手（ファースト）

打力重視ではあるけれど正確なキャッチングは必須

キャッチング能力の高い左利きの長身が理想的

ファーストは二塁や本塁など、自分よりも右側に送球することが多いので、左利きが有利とされている。またあらゆる送球を確実に捕球する必要があるので、長身の選手が良い。

このことから一般的には「長身・左利き」の選手がファーストに適していると言える。

試合では、ファーストからピッチャーへボールを返すことが多く、そのときにひと声かけてピッチャーをリラックスさせるような気配りができると良い。また、ほかの野手が安心して一塁へ送球できるような野手からの信頼感も併せ持ちたい。

とは言え、ほかのポジションにくらべれば走力などの身体能力は求められず、打撃力を優先できるポジションでもある。

求められる能力

- キャッチング能力
- ピッチャーへの気配り
- 内野手からの信頼感

ファーストの主なフォーメーション

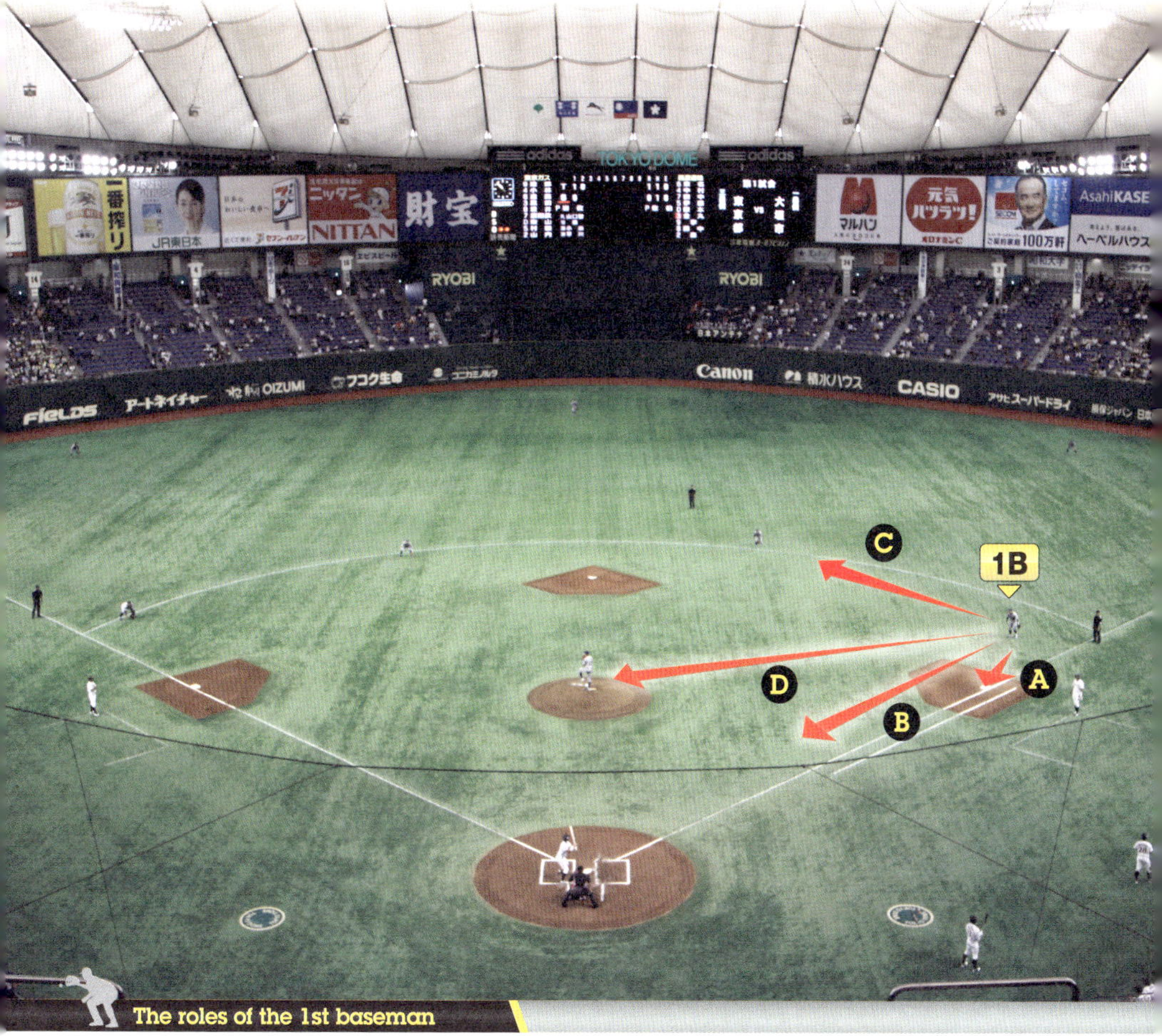

A 一塁ベースカバー

一塁手なので当然だが、捕球するときの姿勢には気をつけたい。ベースの角を踏み、送球が来る方向に足を伸ばして、できるだけ早く捕球できるように心がける。

B バントシフト

バントシフトのサインが出たら投球と同時に本塁方向へダッシュする。勢い良くダッシュすることでバッターにプレッシャーを与えることもできる。バント処理からの送球は慌てずに正確におこなうこと。

C 外野からの中継プレー

ライトやセンターへの大きな打球の場合、セカンドも打球を追って外野へ向かうことになるので、内野での中継にはファーストが入る必要がある。

D ピッチャーへの声掛け

内野からの送球を捕球したファーストはピッチャーへその球を毎回返す。そのときに、ピッチャーの気持ちをほぐすような言葉をかけたり、勇気づけるように励ますことができればピッチャーの精神面を助けることになる。

▼二塁手（セカンド）すばやいカラダの身のこなしと優れた状況判断能力が欲しい

ショートと同様に高い身体能力が必須

セカンドに適した人材は年代により異なる。打球が弱く塁間も短い少年野球であれば、ダブルプレーを成立させることが難しいので、肩や二遊間の連携は重要視されない。そのため、捕球がうまい選手であれば務まるポジションと言える。

しかし、高校生以上にもなるとダブルプレーは当たり前になり、さらには左の強打者も台頭してくるため、ショートと同様に高い身体能力が求められるポジションになる。

試合では、身体能力を武器に外野からの中継や盗塁、けん制、またはバントの一塁カバーなど縦横無尽に動きまわる必要がある。同時に、打球を予測してポジションを変えるなどバッターに対しての観察力も求められる。

求められる能力 ★★★★★

- すばやい身のこなし
- 打者に対する観察力
- 周りを見渡せる広い視野

セカンドの主なフォーメーション

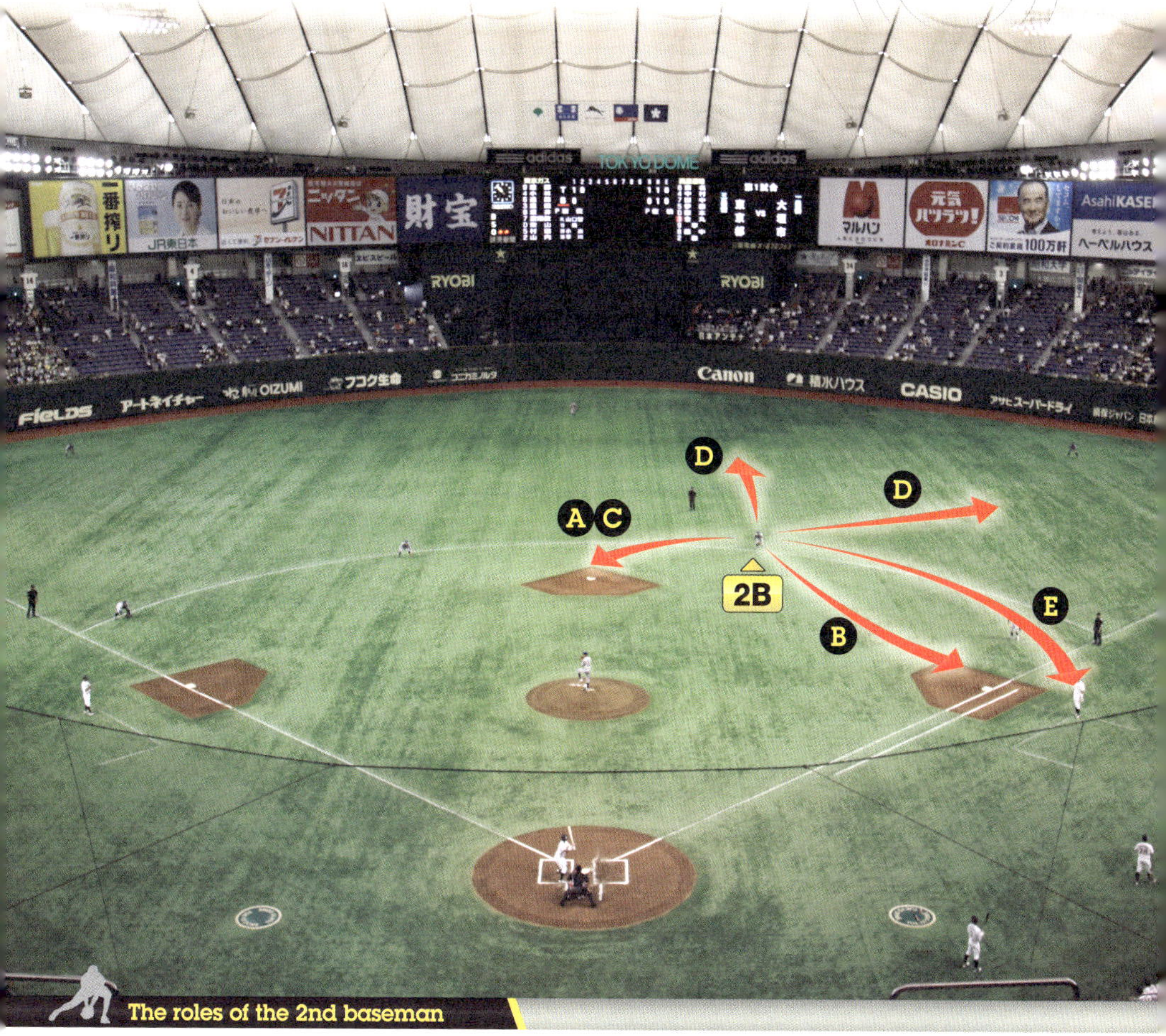

Ⓐ ダブルプレー

三遊間へ打球が飛んだ場合はセカンドが二塁のカバーに入り、捕球からのすばやいステップでファーストへ送球する。この身のこなしの巧みさがセカンドには求められる。

Ⓑ 一塁ベースカバー

バントシフトによりファーストがぜんしん守備をしている場合は、セカンドがファーストのカバーに入る。

Ⓒ 牽制ベースカバー

二塁けん制のカバーにはショートと約束事を決めて入る。

通常、右バッターの場合はセカンドが、左バッターの場合はショートが入るが、カウントやバッターの傾向により異なるので事前に決めておこう。

Ⓓ 外野からの中継プレー

ライトやセンターへの打球に対してはセカンドも追いかけ打球と本塁を結んだ直線上に入り、中継の役割を担う。

Ⓔ 一塁バックアップ

ランナーなしの状況で内野ゴロが三遊間方面に飛んだら、すぐにファーストのバックアップに入る。

▼三塁手（サード）

ひっぱり打球にも対応できる すばやい判断とキャッチング

リーダーシップと 高い送球技術が必須

多くの名選手がサードを務めていたこともあり、花型ポジションのひとつとされているサードは、相手バッターやベンチに近いため、よく声が出る選手を置きプレッシャーを与えたり、仲間を引っ張っていくようなリーダーシップのある人材が適していると言われている。

試合では、右バッターの鋭い打球がライナーで飛んでくるので、打球に対して恐れずにカラダをぶつけてでも後逸しないという強い気持ちがほしい。また三塁線のぼてぼてのゴロに対してもいち早くダッシュするなどすばやい打球処理能力と、一塁までの肩が求められる。とくに一塁までは最も距離があるので正確に速く投げる技術が必須。

求められる能力 ★★★★★

- すばやい打球反応
- 一塁へ送球する強い肩
- みんなを引っ張るリーダーシップ

サードの主なフォーメーション

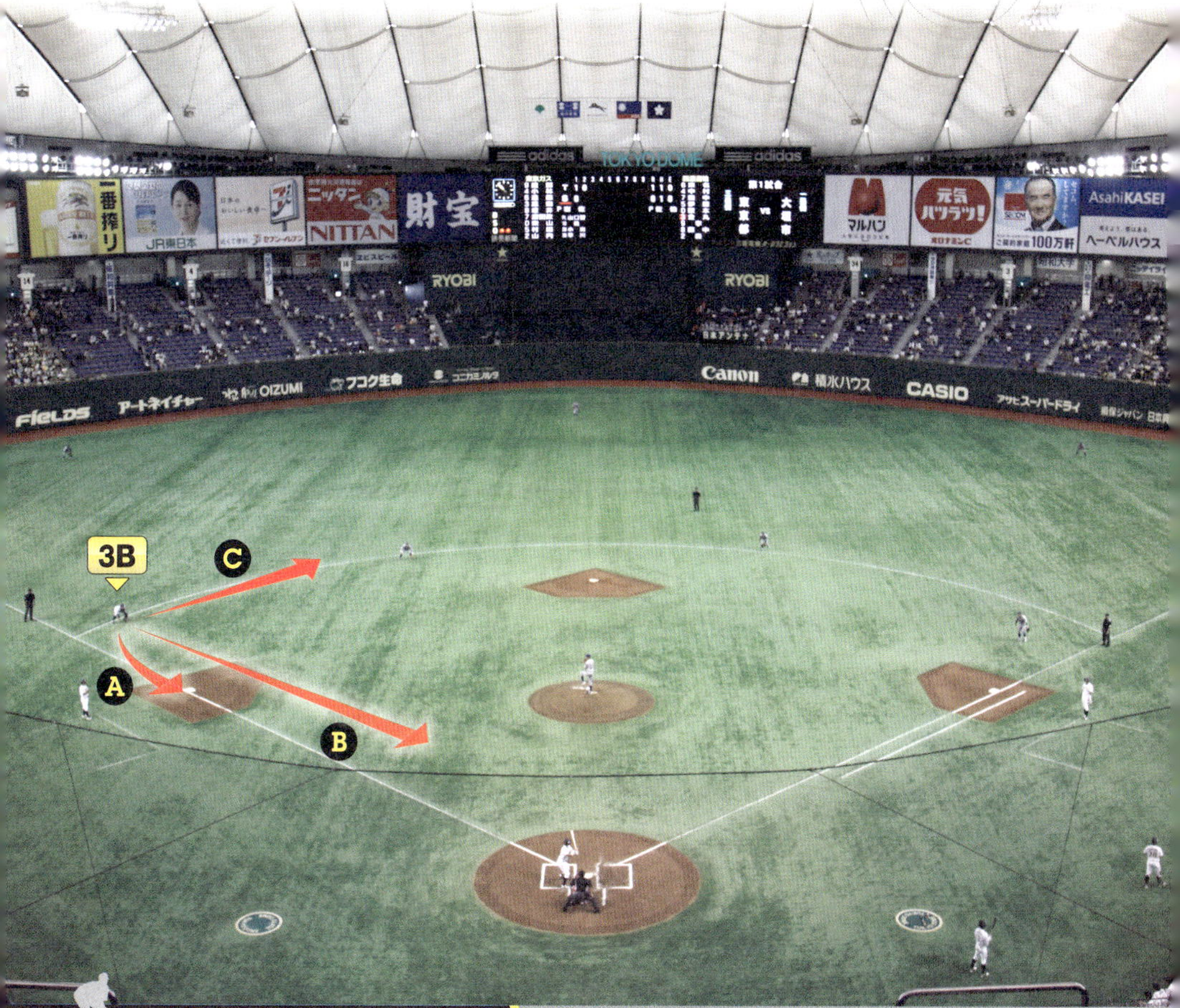

The roles of the 3rd baseman

Ⓐ 三塁ベースカバー

三塁でのタッチプレーは勝敗を分けるような重要なプレーになることが多い。後逸してしまえば失点になるし、アウトにできれば次の攻撃に勢いをつけることもできる。また、三塁ライン沿いは右バッターの強い当たりが飛んでくるので打球に対する反射神経は必須。その上でしっかりと三塁へのベースカバーにも入りたい。

Ⓑ バントシフト

バントシフト時は投球と同時に本塁方向へダッシュをする。捕球したらすばやくカラダを回転させて送球できるようにしておこう。

Ⓒ 外野からの中継プレー

レフトへの大きな打球が飛びショートも深くまで打球を追いかけたときは、サードが打球と本塁を結んだ線上に中継に入る。ただし三塁でタッチプレーの可能性がある場合は三塁に留まり、ファーストが中継に向かうこともある。

▼遊撃手（ショート）

最も守備能力が求められる内野の花型ポジション

高い身体能力と観察力で内野をプレーでけん引

現代野球の「花型ポジション」と称されるショート。チーム内で最も守備がうまくて、足も速い、そして打順も1番や3番など、走攻守の三拍子が揃った選手が務めることが多いポジション。そのため、監督やコーチは、はじめて対戦するチームのショートを見ることで、そのチームのレベルを察すると言う。

試合では、右バッターの強烈な打球に対する打球処理や一塁への強くて正確な送球、ダブルプレーや外野からの中継など、その役割は多岐にわたる。

また、キャッチャーのサインやバッターの仕草を読み取り、内野陣へ守備位置の指示を出したりと、広い視野と観察力も必要とされる。

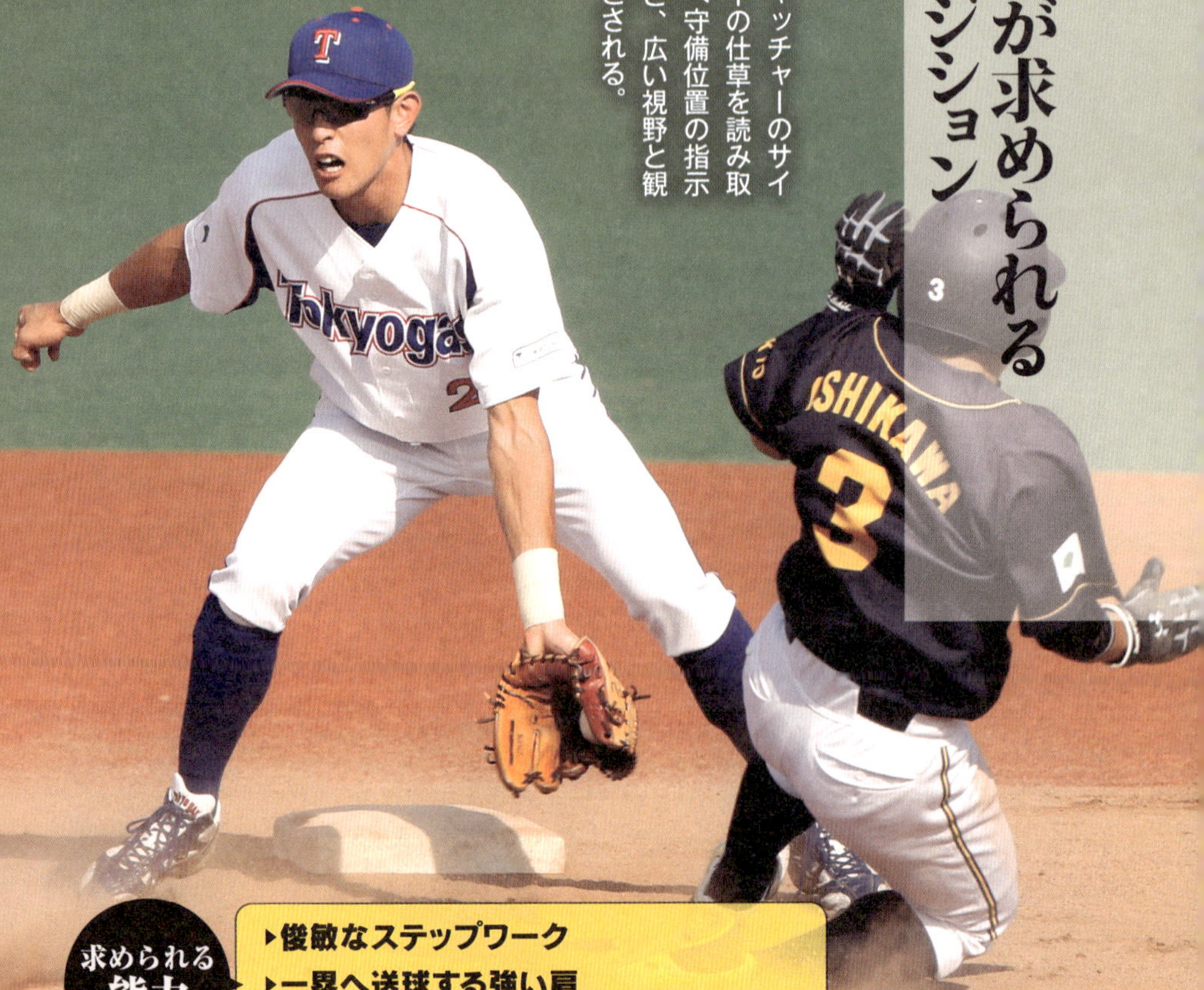

求められる能力 ★★★★★

- ▶俊敏なステップワーク
- ▶一塁へ送球する強い肩
- ▶的確な指示や状況判断力

ショートの主なフォーメーション

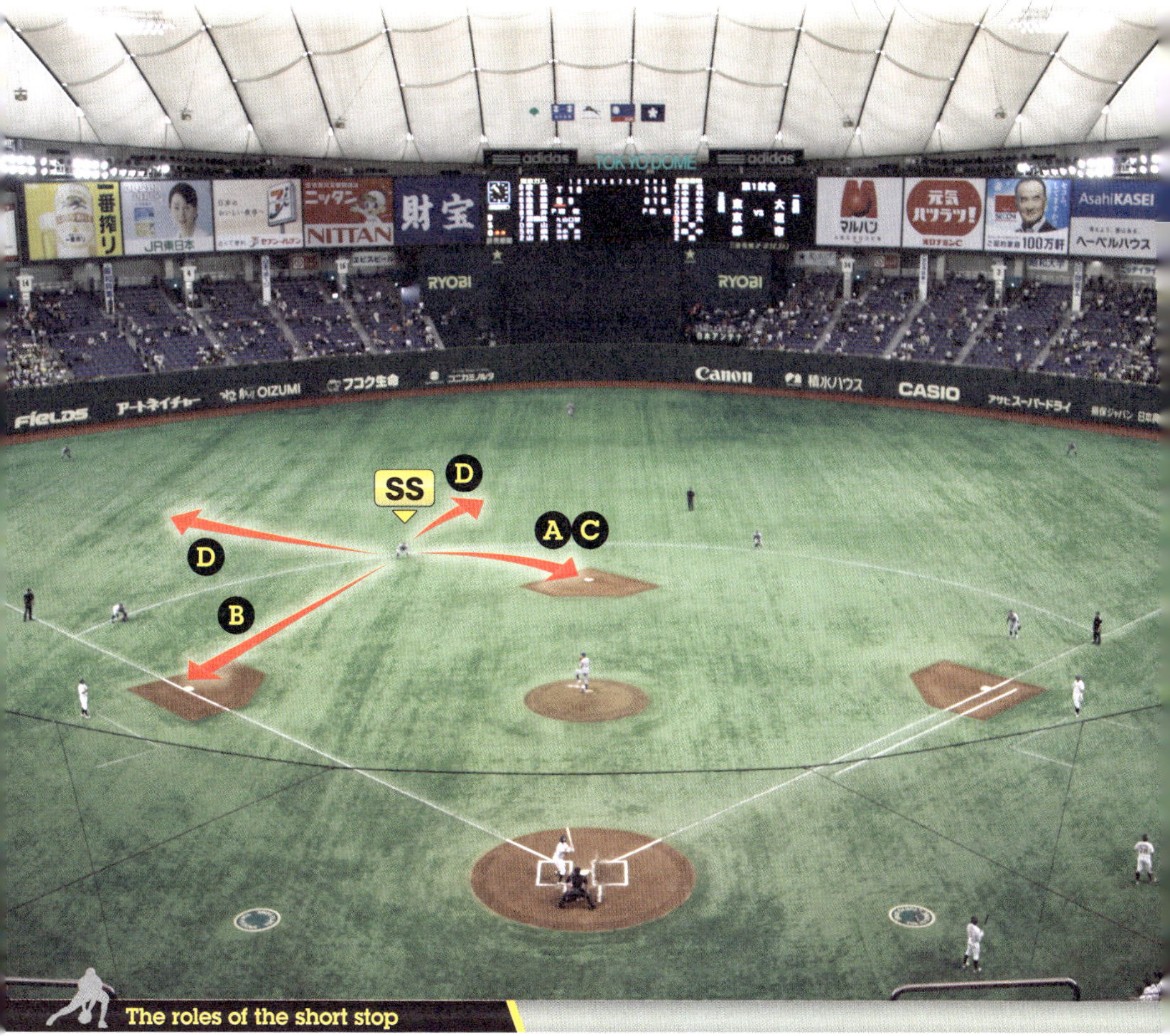

Ⓐ ダブルプレー

一二塁間に打球が飛んだ場合はショートが二塁に入りダブルプレーを狙う。カラダが一塁方向を向いているので比較的送球はしやすいが、できるだけ、より送球しやすい体勢でボールを捕球できるように心がけよう。捕球と同時に二塁の角を踏んですばやいステップで送球しよう。

Ⓑ 三塁ベースカバー

ランナー二塁の状況でバントしたときにファーストとサードが捕球のために前に出た場合は、ショートはすぐに三塁のベースカバーに向かう。

Ⓒ 牽制ベースカバー

二塁けん制のカバーにはセカンドと約束事を決めて入る。通常、右バッターの場合はセカンドが、左バッターの場合はショートが入るが、シュートはカラダをピッチャー方向に向けながら二塁まで走れるので送球も受けやすい。そのため優先権はショートにある方が一般的だ。

Ⓓ センター・レフトの中継プレー

左中間方向への打球が飛んだ場合は、打球と本塁を結んだ線上に中継として入るのがセオリーだが、打球がフェンス付近まで飛んだ場合はさらに奥まで追いかける。

▼左翼手（レフト）右バッターの引っ張ったライナー性の打球が飛んでくる

年代によって求められる能力が変わるポジション

外野のポジションはプレーする選手の年齢によって役割が異なる傾向がある。

たとえば少年野球であれば、各外野にそれほど大きな差はない。ある程度の肩の強さや足の速さ、打球に対する判断能力はどのポジションでも求められる。中学生や高校生になり、バッターに力がつき打球が飛ぶようになるとレフトには右バッターの大きな打球が飛んでくる。そうなれば、捕球能力がより求められるようになるが、返球は二塁や三塁など近い塁が多いので、ライトにくらべると肩は求められない。

プロレベルになると、守備能力の低い選手やあまり守備の負担をかけたくないベテラン選手が担うことが多い。

求められる能力 ★★★★★

- 打球に対する判断能力
- すばやい送球動作
- 堅実な守備能力

レフトの主なフォーメーション

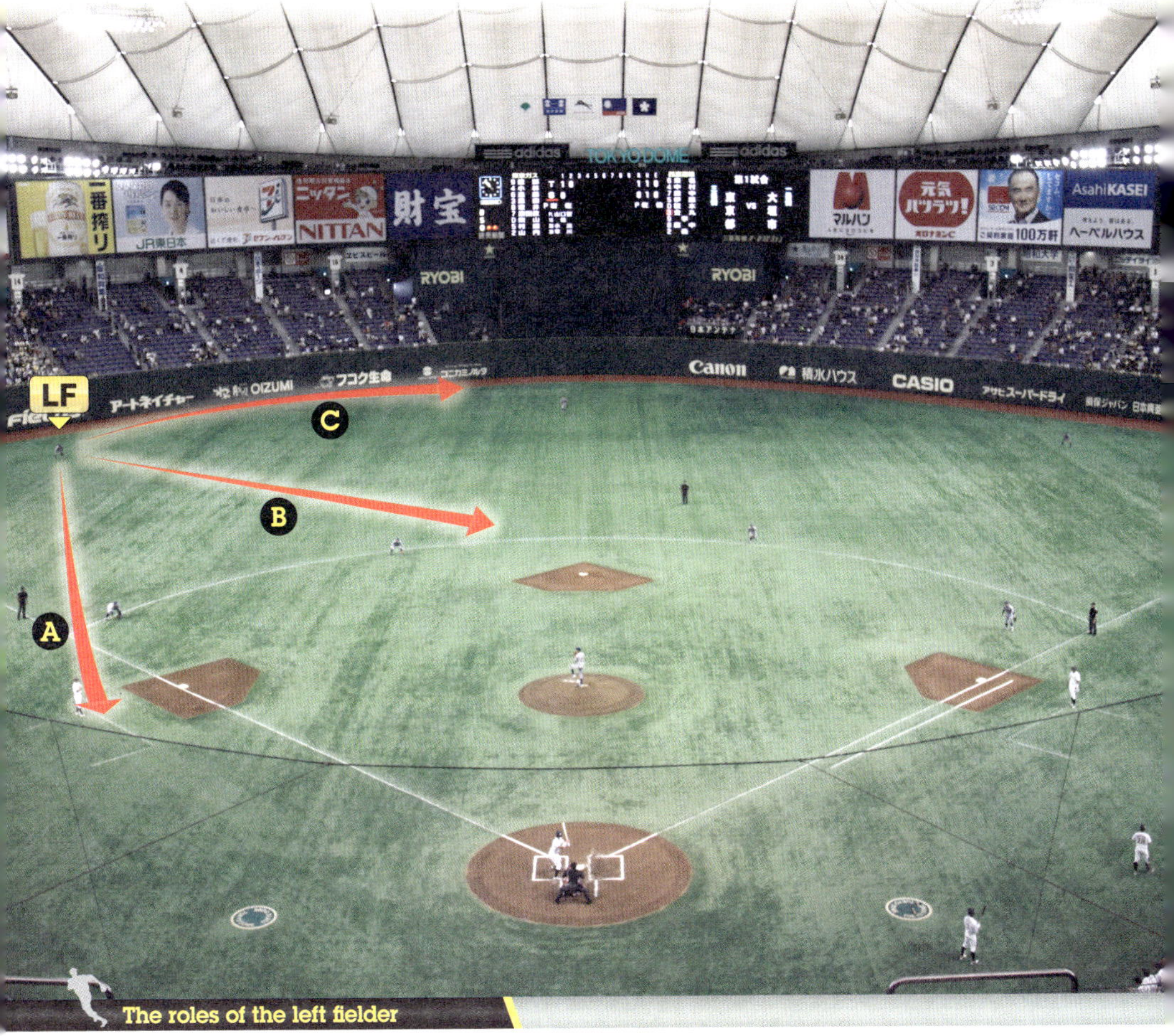

A 三塁ベースカバー

けん制も含めて三塁へ送球する状況が訪れたら、レフトはすかさず三塁のバックアップへ向かう。また二三塁間や三本間でランダウンプレーが発生したら、すぐに三塁に向かいバックアップする。

B 二塁バックアップ

ファーストがダブルプレーを狙おうと二塁に送球した場合などは、レフトは必ずその送球の延長線上にポジションを移動してバックアップに入る。

C センターバックアップ

センター方向へ打球が飛んだ場合はセンターの後ろに周りバックアップする。もしランナーがいるような場合であれば、打球を追っているセンターの代わりに状況を把握して、瞬時に中継に投げるのか、塁へ投げるのかなどの指示を送れるようになりたい。

▼中堅手（センター）最も守備範囲が広く外野の要となるポジション

左右に指示を出す外野の司令塔

最も守備範囲が広く、さらにはライトとレフトのバックアップも担うため、かなりの走力と体力を必要とするポジション。そのためチームの中でもトップクラスの身体能力を持つ選手が担うことが多い。プロ野球にもスター選手が多く、人気の花型ポジションのひとつと言える。

試合では、各外野のバックアップとセカンドのバックアップを担うため、走力と守備能力、肩の強さが必須となる。さらには、バッターのタイプによって打球を予測してライトとレフトにポジション修正の指示を送れるような状況判断力も併せ持ちたい。外野の中では最も役割が多いので、あらゆる能力を高水準でこなすバランスの良い身体能力が求められる。

求められる能力 ★★★★★

- ▶軽快なフットワーク
- ▶肩の強さ
- ▶的確な指示や状況判断力

センターの主なフォーメーション

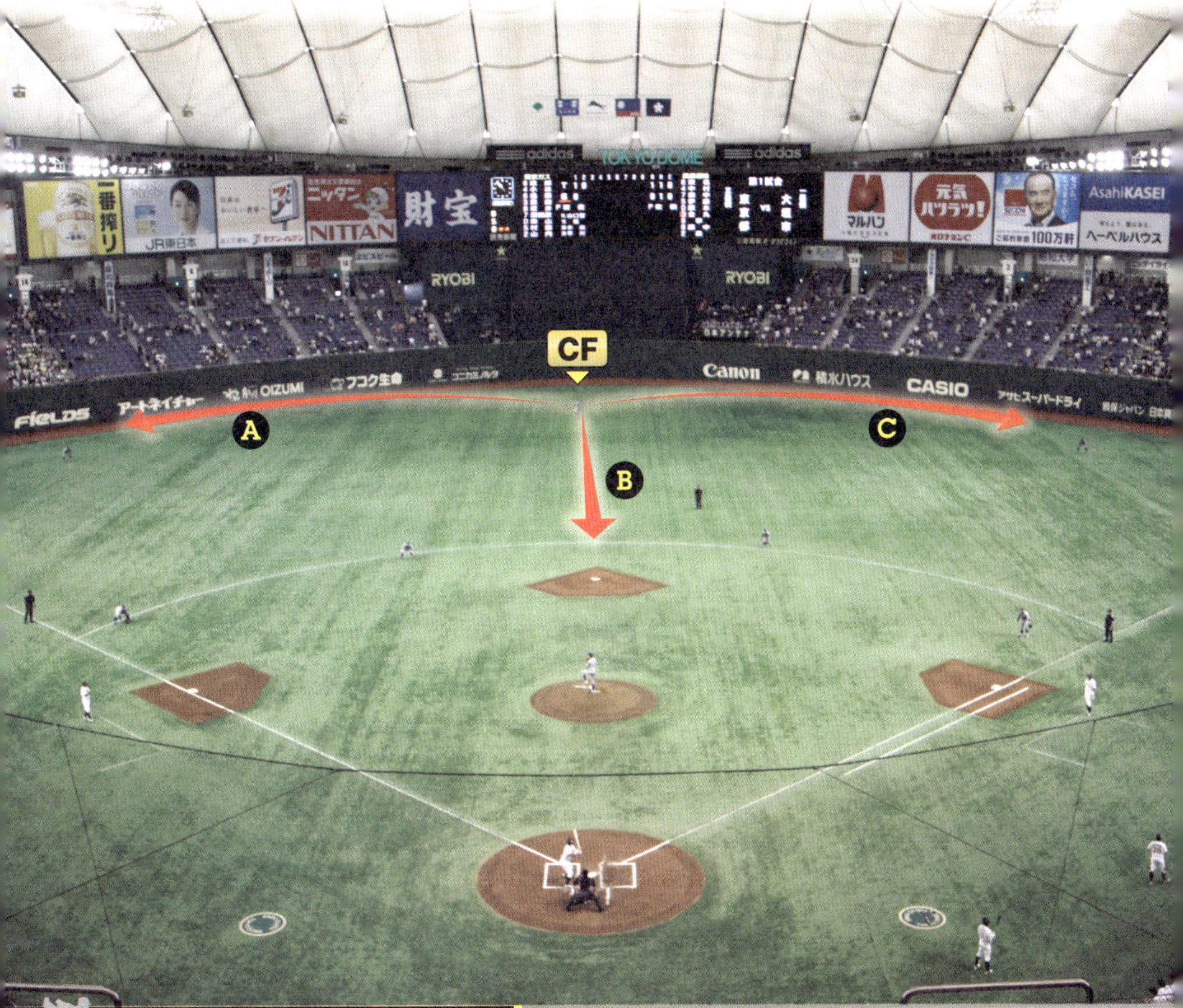

The roles of the center fielder

A レフトバックアップ

レフト方向へ打球が飛んだ場合は、必ずレフトの後ろに回りバックアップをする。またショートへの打球にもバックアップへ行けるようしたい。

B 二塁バックアップ

二塁けん制や盗塁でピッチャーやキャッチャーから二塁に送球された場合は、そのバックアップに行く。

C ライトバックアップ

ライト方向へ打球が飛んだ場合は、ライトの後ろに回りバックアップをする。セカンドへの打球にもバックアップとして向かいたい。基本的にセンター外野へ飛んだ打球すべてにバックアップできるようにスタンバイしておく必要がある。

▼右翼手（ライト）

近年増加している左の強打者対策として重要なポジション

チーム内でもトップクラスの強肩が務める

左バッターが少なかった一昔前であれば、「ライパチ」と言って、チーム内で最も力のない選手がライトで8番を担っていた。しかし、近年ではプロ野球選手の影響で右投げ左打ちのバッターが増え、ライトにも強い打球が飛んでくるようになった。そのため、ライトには守備能力の高い選手が配置させることが多くなってきた。

試合では、ピッチャーやキャッチャー、サードからの一塁送球に対するバックアップへ回る必要があるので、一試合走り切るだけの走力と体力が求められる。また、二塁や三塁など自分から離れていくランナーへ送球する場面が多いので、チーム内でもトップクラスの強い肩を併せ持ちたい。

求められる能力 ★★★★★

- 打球に対する判断能力
- 軽快なフットワーク
- 肩の強さ

ライトの主なフォーメーション

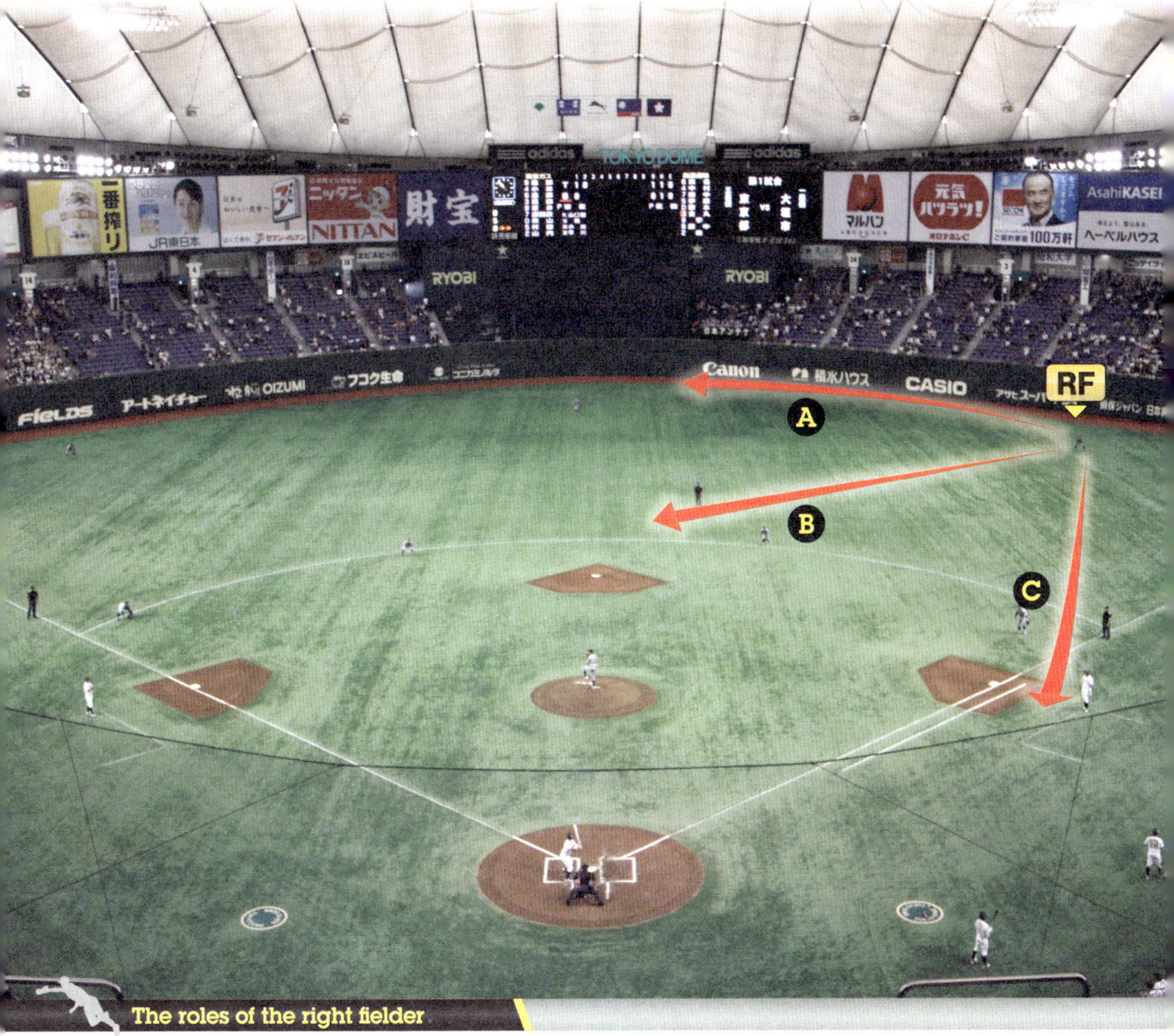

A センターバックアップ

センター方向へ打球が飛んだ場合はセンターの後ろに周りバックアップする。レフトと同様にランナーがいる場合は、状況を把握し、どこへ投げるべきなのか指示を送る。

B 二塁バックアップ

サードやショートが二塁に送球した場合などは、ライトは必ずその送球の延長線上にポジションを移動してバックアップに入る。

C 一塁バックアップ

内野ゴロでは、その多くが一塁へ送球する。ライトはその度にファーストの背後に回りバックアップに入る。またけん制のときも同様にバックアップする

PART 4
ポジション別の役割
DIGEST

試合前にもう一度

ココだけはチェック

1万回に1度あるかどうかのエラーに備えてバックアップに入ることが野球の守備フォーメーションの基本だ。そのため動きのマニュアルは無数にある。ここではその中でも代表的な3つの事例を紹介する。

シチュエーション 1

ランナー1塁で送りバントをされたら？

ピッチャー	▶打球処理に向かう
キャッチャー	▶打球処理、指示出し
ファースト	▶ランナーがいるため投球後に打球処理へ
セカンド	▶ファーストのカバー
サード	▶打球処理に向かうが一塁方向へ転がった場合はすぐに三塁へ
ショート	▶二塁カバー
レフト	▶三塁バックアップ
センター	▶二塁バックアップ
ライト	▶一塁バックアップ

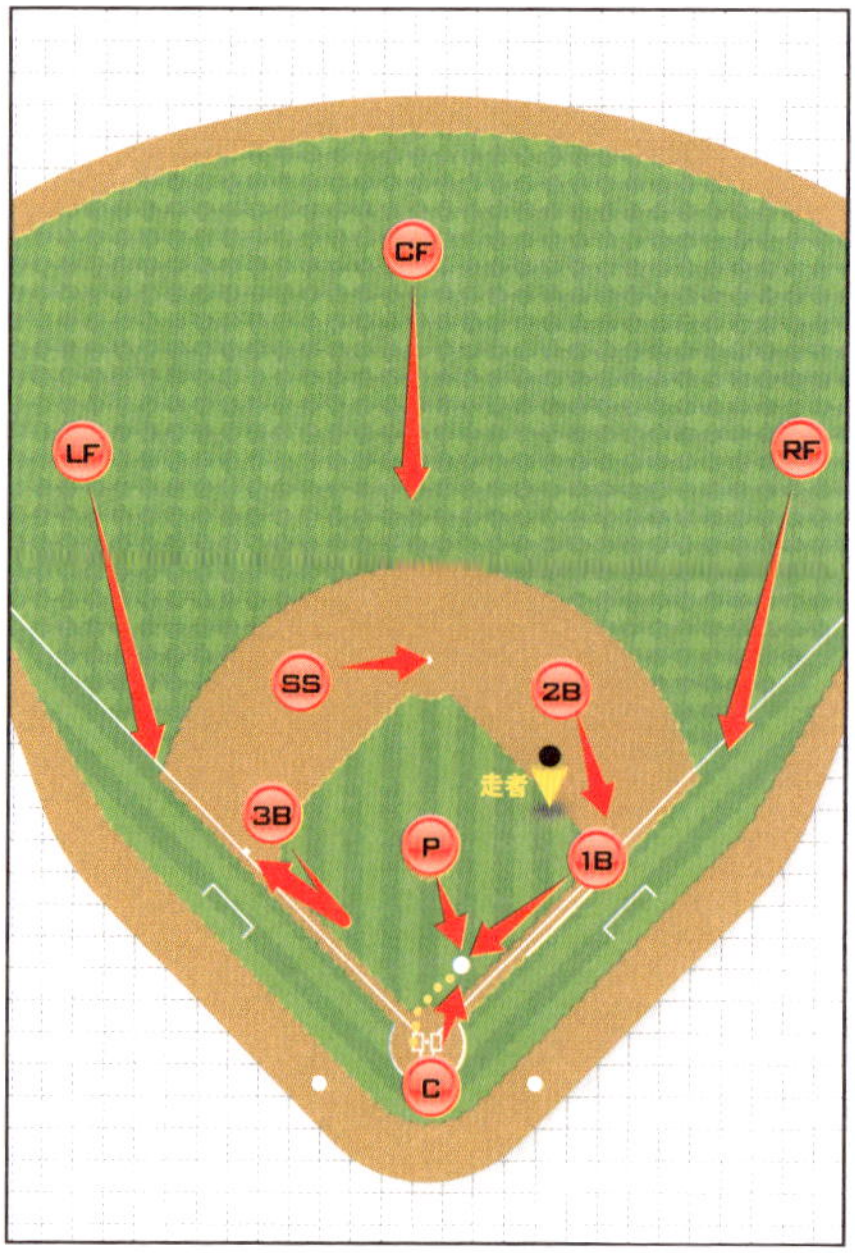

シチュエーション 2

ランナー３塁でライトへ大きなフライを打たれたら？

ピッチャー	▶本塁のバックアップ
キャッチャー	▶本塁送球に備える
ファースト	▶中継に入る
セカンド	▶一塁ベースカバー
サード	▶三塁ランナーの離塁のタイミングを確認（アピールプレー）
ショート	▶二塁ベースカバー
レフト	▶三塁バックアップ
センター	▶ライトバックアップ
ライト	▶打球処理

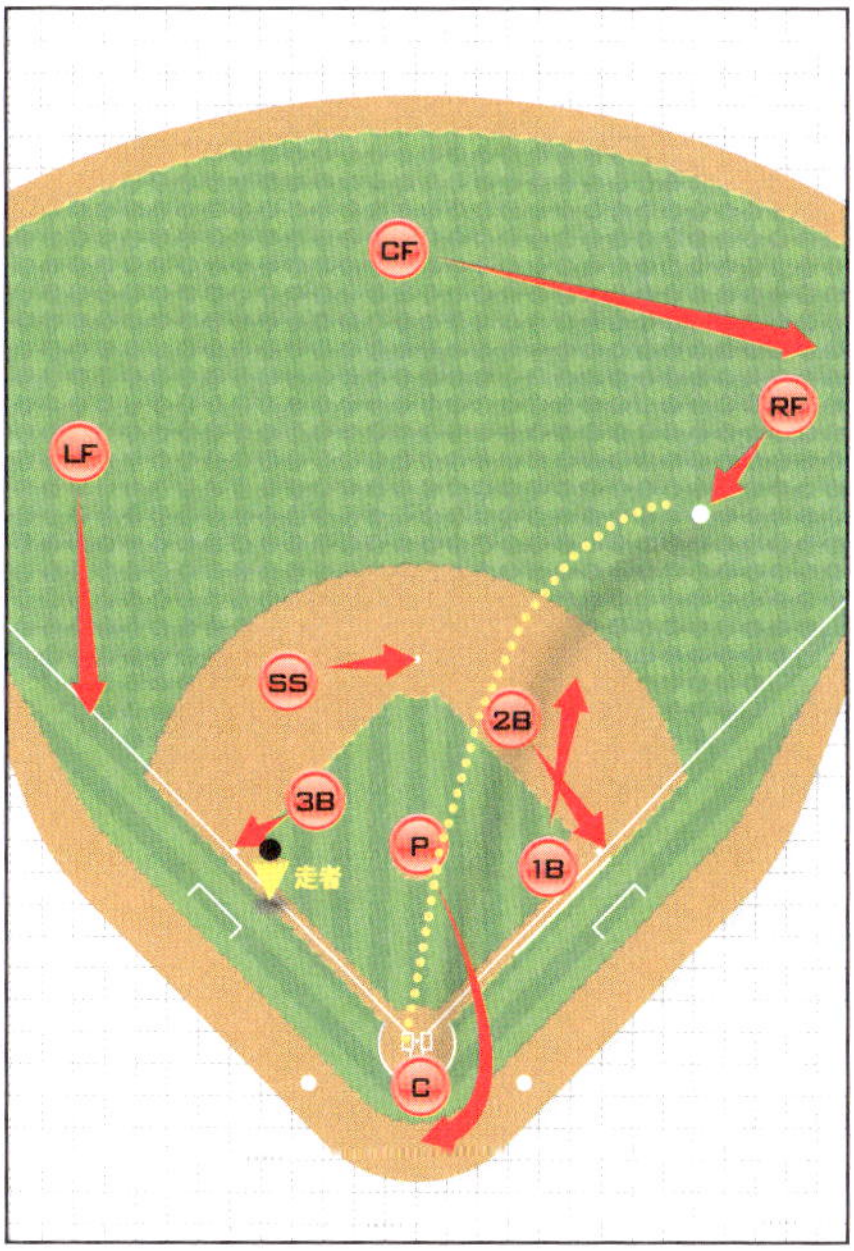

シチュエーション 3

ランナー３塁で三本間で挟殺プレーがおこったら？

ピッチャー	▶本塁からランダウンプレーに参加
キャッチャー	▶ランナーを三塁に追い込む
ファースト	▶一塁ベースカバー
セカンド	▶二塁ベースカバー
サード	▶三塁ベースカバー
ショート	▶三塁バックアップからランダウンプレーへ
レフト	▶三塁バックアップ
センター	▶二塁バックアップ
ライト	▶一塁バックアップ

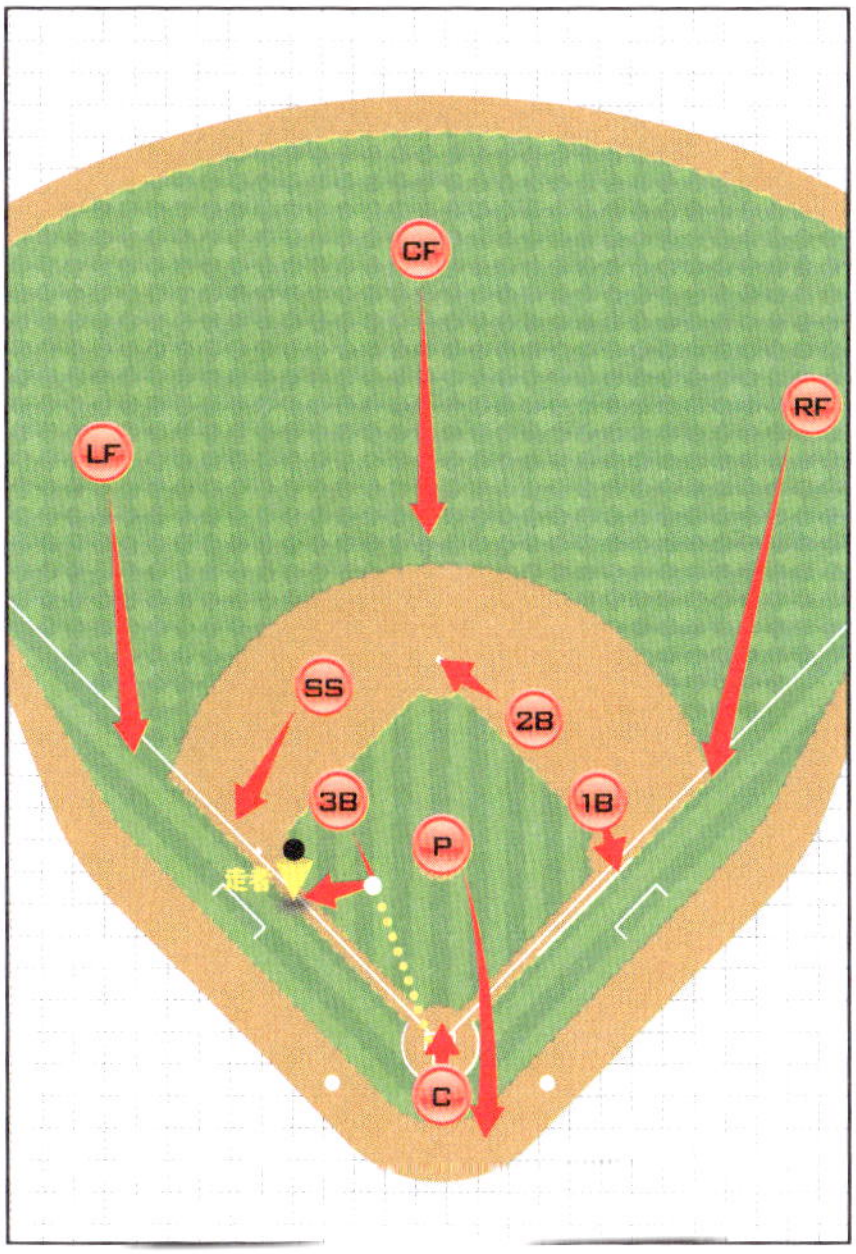

コラム5

動作を習得することとは？

筋肉は使う部位を意識した方がより大きなパワーを生み出すことができる。筋トレをするときも同じで、ダンベルを持ち上げるときは力こぶに意識を向ける。それならば、ピッチングでもお尻や下半身を意識しながら投げれば速い球が投げられるのだろうか？　というと、それも少し違う。もちろん読者の方々のように、動作を覚える初期段階ではお尻を意識しながら投球練習をすることが望ましい。しかし、それができるようになると、そのことを意識の外へ飛ばすことが大切になる。これを動きの自動化という。

これは当然の話で、試合中にお尻に意識を向けながらバッターに投げる人はいない。動作を習得するということは、大切な動作を無意識のうちにできるようになることなのだ。

PART 5

可動域を広げるストレッチ

肩関節や股関節の柔軟性を広げることは、技術向上とケガ予防のふたつの側面から見ても重要なこと。練習後には酷使した関節周りの筋肉を必ずほぐすなど、メンテナンスを怠らずに柔軟なカラダをつくり上げよう。

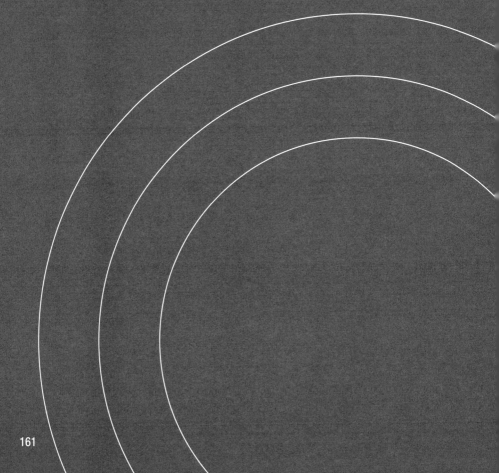

肩甲骨と股関節の柔軟性が投球動作の最大値を引き上げる

前足をステップするための股関節と腕を振り上げるための肩甲骨の柔軟性は、ピッチャーにとって必要不可欠なもの。ここからは両関節に柔軟性を与えるピッチャーのためのストレッチを紹介する。

ストレッチのメリット 1

関節可動域が広がるので発揮できるパワーが増える

関節可動域とは、関節が正常な状態で動く範囲のこと。ピッチャーの場合、股関節の可動域が広ければ前足を大きく前にステップできるのでタメをつくる時間を長く取れ、肩関節の可動域が広ければ腕の振り上げ動作を大きく取れる。ステップでのタメや腕の振り上げは投げるための準備動作であり、言わば助走。この助走が長ければ高く跳べるように、より速い球が投げられるようになる。

ストレッチのメリット 2

筋肉の疲労回復を早めケガ防止にもつながる

激しく使われた筋肉は収縮するので放っておくと硬くなる。これを繰り返すと周囲の関節可動域を狭めたり、筋肉の肉離れを起こす要因にもなる。だから、運動後にはしっかりとストレッチをして、筋肉に柔軟性を保っておくことが大切なのだ。またストレッチには疲労物質を取り除き疲労回復を早める効果もあるので、練習や試合の後には必ずおこなう習慣をつけておこう。

ストレッチのメリット 3

ストレッチ＋トレーニングでパフォーマンスが上がる

関節可動域が広がることで問題も起こる。いわゆる「ルーズショルダー」だ。極度に柔軟になりすぎた関節は、不安定になってしまいズレたり痛みが生じてしまう。それを防止するにはその関節周りにあるインナーマッスルを鍛えることが大切になる。ストレッチとインナーを中心とした筋肉トレーニングをバランス良くおこなうことで理想的なパフォーマンスが発揮される。

股関節と肩甲骨が柔軟であればここまで躍動感のあるフォームになる

自分の肩関節可動域をチェックしよう！

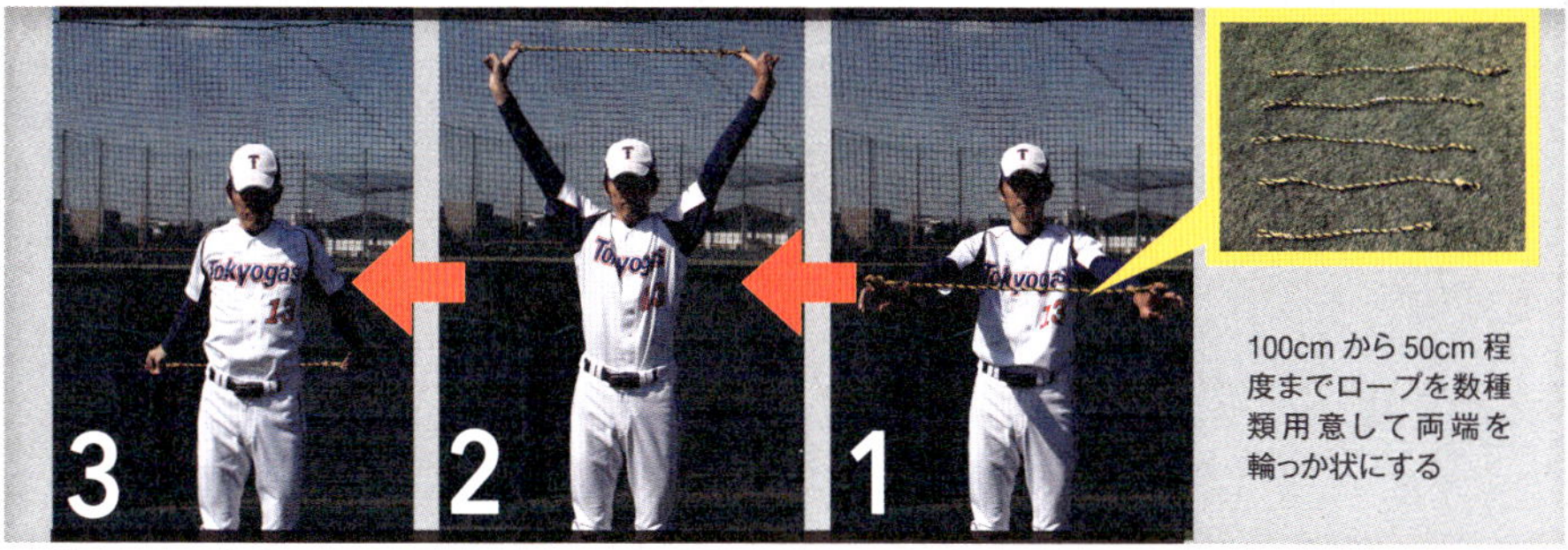

100cm から 50cm 程度までロープを数種類用意して両端を輪っか状にする

1 人差し指と中指を輪っかに入れて腕を伸ばす

2 腕を伸ばしたまま背中側に肩を回す

3 徐々にロープを短いものに変えて繰り返す

POINT ▶ ヒジを曲げないでおこなうこと

肩を前後に動かして胸と背中をほぐす

1 ヒジを肩の高さに上げて顔の前で合わせる

背中側の伸びを意識しながらヒジを引き寄せる

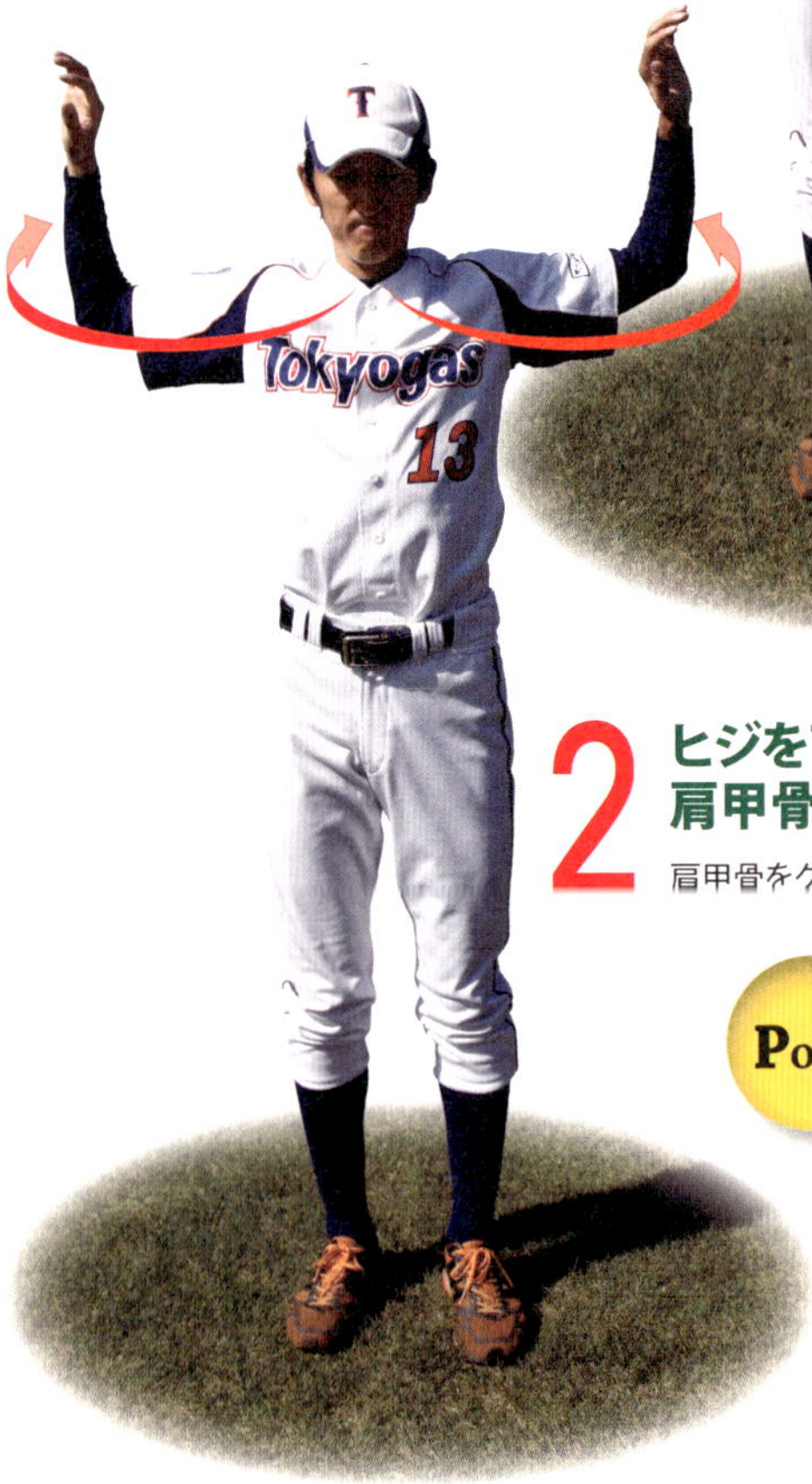

2 ヒジを下げずに広げて肩甲骨を引き寄せる

肩甲骨をグッと引き寄せて胸を張る

POINT

ヒジは肩の高さを保つ

目安と回数

連続10回

STRETCH 02

肩・ヒジのストレッチ②

肩を三角形に動かして肩の前後を大きくほぐす

1 両腕を上げて肩甲骨を引き上げる

肩甲骨が引き上がる感覚に意識を向ける

2 肩とヒジの高さを揃えて広げる

上がった肩甲骨を左右に開いて胸を張る

POINT

肩甲骨の動きを意識しよう

3 ヒジを下げずに顔の前で揃える

ヒジを落とさずに顔の前で合わせる

目安と回数

連続10回

ヒジを支点に前腕を動かし ヒジと肩をほぐす

1 肩とヒジの高さを揃えたまま手を前に垂らす

肩周りの力を抜いて
リラックスして手を上げる

2 ヒジから動かし手を後ろに引き上げる

ヒジを視点にして両手を上げる

POINT
リズミカルに
手を上下させる

目安と回数

連続10回

STRETCH 04

肩・ヒジのストレッチ④

両腕を背中側に回して肩甲骨をじっくり伸ばす

1 腕をクロスしてカラダに巻きつける

上体をやや前かがみにすれば
さらに肩甲骨が伸びる

POINT

肩甲骨が伸びるように
しっかり巻きつける

目安と回数

腕の上下を入れ替え
それぞれ10秒キープ

肩から腕をねじり腕の動きをスムーズにする

1 両腕を肩の高さで伸ばしてねじる

手先だけではなく肩から動かして腕をねじる

POINT

肩を動かして腕をねじる

2 左右交互に肩甲骨から腕をねじる

じっくりと肩を大きく動かすようにして使う

目安と回数

連続10回

STRETCH 06

肩・ヒジ
の
ストレッチ⑥

組んだ腕を前に倒して肩の前をじっくり伸ばす

1 背中側で両手を握り腕を伸ばす

肩甲骨を引き寄せて胸を張る

POINT
肩の前の伸びを感じよう

2 肩甲骨を引き寄せるように腕を上げる

肩周りが伸びていることに
意識を向ける

目安と回数

10秒キープ

肩・ヒジのストレッチ⑦

肩から腕を動かして肩甲骨をほぐす

1 カラダの軸を保ちながら肩を回す

肩から大きく動かすことを意識する

POINT

軸をキープしたまま肩甲骨から回す

目安と回数

前後10往復ずつ

STRETCH 08

肩・ヒジのストレッチ⑧

背中を丸めたり反ったりして体幹の前後をほぐす

1 四つんばいになり背中を丸める

お腹を凹ませて肩甲骨を伸ばす

2 丸めた背中を今度は反らせる

目線を上げて肩甲骨を引き寄せる

POINT

背中の伸縮を意識しよう

目安と回数

連続10回

手を床に押し付けて 利き腕のヒジを柔軟に

1 半身になり顔の前で両手を組む

上になる手でもう片方の手をつかむ

2 肩が浮かないようにして親指を地面に着ける

下の肩が浮かせずに下の手の親指を床につける

POINT

下の肩が浮かないように

目安と回数

左右10秒

キープずつ

STRETCH 10

股関節のストレッチ①

▶ 内ももを中心にほぐす

目安と回数

10秒キープ

足の裏を合わせて腰から上体を倒す

ヒザがなるべく浮かないようにしよう

STRETCH 11

股関節のストレッチ②

▶ もも裏を中心にほぐす

目安と回数

10秒キープ

両足を広げて腰から上体を倒す

ゆっくり息を吐きながらおこなう

STRETCH 11

股関節のストレッチ③

もも裏と体側を同時にほぐす

目安と回数
左右
10秒キープずつ

両足を広げて上体を横に倒す

体側部が伸びていることを確認しよう

STRETCH 12

股関節のストレッチ④

股関節周りをほぐす

目安と回数
左右
10秒キープずつ

お尻を浮かせて胸をヒザに近づける

地面に着けた足は動かさずに
上体を近づける

STRETCH 13

股関節のストレッチ⑤

もものの前後を同時にほぐす

目安と回数

左右
10秒キープずつ

後ろ足をつかんで体重を前にかける

後ろ足のもも前が伸びている
ことを確認しよう

STRETCH 14

股関節のストレッチ⑥

股関節周りをほぐす

目安と回数

10秒キープ

腰を落として両ヒジでヒザを外側に広げる

股関節が伸びていることを
確認しよう

監修

平野裕一（ひらの ゆういち）

独立行政法人日本スポーツ振興センター国立スポーツ科学センター スポーツ科学研究部 部長

東京大学硬式野球部監督、東京大学教育学部助教授を経て、現在は国立スポーツ科学センターで日本のトップアスリートの競技力向上をサポートしている。

菊池壮光（きくち たけみつ）

東京ガス硬式野球部監督

「自ら考え行動する」を幹に、選手の能力を引き出す育成術には定評がある。出身プロ野球選手には、内海哲也、片岡治大、榎田大樹、美馬学、石川歩、遠藤一星などがいる。

STAFF

■ 制作
株式会社多聞堂

■ 構成・執筆
上野　茂

■ 撮影
長尾亜紀／勝又寛晃

■ 写真協力
iStock ／ Getty Images

■ 装丁デザイン
シモサコグラフィック

■ 本文デザイン
三國創市

■ 企画・編集
成美堂出版編集部（駒見宗唯直）

最速上達 ピッチング

監　修　平《ひら》野《の》裕《ゆう》一《いち》　菊《きく》池《ち》壮《たけ》光《みつ》
発行者　深見公子
発行所　成美堂出版
〒162-8445　東京都新宿区新小川町1-7
電話(03)5206-8151 FAX(03)5206-8159
印　刷　共同印刷株式会社

ISBN978-4-415-31832-5
落丁･乱丁などの不良本はお取り替えします
定価はカバーに表示してあります